MARÍA ANTONIETA COLLINS

¿Muerta?... ¡Pero de la risa!

Cuarenta años de ejercicio periodístico han convertido a María Antonieta Collins en una de las periodistas más galardonadas y queridas en los Estados Unidos. Dueña de una narrativa única en sus reportajes, ha ganado los premios más prestigiados del periodismo, entre ellos dos premios Emmy®, el premio Edward R. Murrow y el premio Peabody por su trabajo en historias humanas y de investigación.

Actualmente, Collins es corresponsal especial principal de la cadena Univision, donde ha reportado a lo largo de cuatro décadas los hechos que suceden en la frontera entre México y los Estados Unidos, convirtiéndose en una experta del tema. A lo largo de su carrera, ha trabajado en algunas de las más importantes cadenas de habla hispana, como Televisa, Telemundo y Univision. Transmite semanalmente a más de setenta ciudades norteamericanas su programa de radio *Casos y cosas de Collins* a través de la cadena

FDP. Además, escribe una columna de opinión en el diario *El Nuevo Herald* de Miami, y en los sesenta diarios de la Organización Editorial Mexicana. Es conferencista de temas de violencia entre los adolescentes y de asuntos familiares, activista a favor de los animales abandonados, estudiante de piano clásico y madre de dos hijas. Este es su noveno libro.

¿Muerta?... ¡Pero de la risa!

María Antonieta
COLLINS

¿Muerta?...
¡Pero de la risa!

VINTAGE ESPAÑOL

Una división de Random House LLC

Nueva York

PRIMERA EDICIÓN VINTAGE ESPAÑOL, ABRIL 2014

Copyright © 2014 por María Antonieta Collins

Todos los derechos reservados. Publicado en los Estados Unidos de
América por Vintage Español, una división de Random House LLC,
Nueva York, y en Canadá por Random House of Canada Limited,
Toronto, compañías Penguin Random House.

Información de catalogación de publicaciones disponible en la
Biblioteca del Congreso de los Estados Unidos.

Vintage Español ISBN en tapa blanda: 978-0-307-74344-2
Vintage Español eBook ISBN: 978-0-307-74498-2

Para venta exclusiva en EE.UU., Canadá, Puerto Rico y Filipinas.

www.vintageespanol.com

Impreso en los Estados Unidos de América
10   9   8   7   6   5   4   3

¿Muerta?... ¡Pero de la risa!

Índice

Índice

Introducción

Si al ver este título te preguntas: ¿no es un nombre muy fúnebre para un libro?

La respuesta es ¡NO! De ninguna manera, porque este es un libro acerca de la vida y para quienes están vivos.

Este es un libro para reinventarse, para enfrentarse al miedo que viene después de los cincuenta, sesenta y más años, para poder comenzar una nueva vida aunque, como a miles que se encuentran sin empleo, haya quien por decreto laboral los condene a muerte y a ser historia.

Entre esos miles estaba yo ... pero a los cincuenta y siete años, y contra todos los pronósticos, me rehusé a asistir al funeral de mi amado oficio de periodista de televisión. ¡No y no!

La reportera Collins no iba a ser una más del coro de lamentos y desventuras, pero ¿cómo hacer para reinventarme?

La gente piensa que los que trabajamos en televisión no sufrimos, y si lo hacemos, no es tan grave y que las cosas son fáciles, no como para los demás. ¡Nada más falso!

Durante tres años viví la odisea de puertas que se cerraron, proyectos que me rechazaron y la burla y conmiseración de algunos. Pero decidí dejar el desconsuelo para mejor ocasión y tomar en la universidad de la vida las materias que me dieron el mejor aprendizaje en esta etapa, en la que seres humanos generosos me revivieron.

He puesto en práctica todo lo que aquí narro para poder reinventar a una nueva Collins, tal y como tú también puedes hacerlo. He cerrado ciclos, perdonado a quienes me hicieron daño y aprendido que en la vida lo que cuenta no es lo que se sabe, sino lo que falta por aprender.

Pero lo más importante es que he vencido mis temores y limitaciones, y que ni las arrugas ni los años me han frenado en el proceso de hacer de mí otra persona. Y por encima de todo, y de todos, ahora vivo resucitada por manos generosas... ¡y vivo a carcajadas!

Miami, Florida, enero de 2014

1

Está muerta, es historia...
Que no te maten antes de tiempo

En marzo de 2012, el avión papal "Pastor Uno" sobrevolaba Francia con su más preciado pasajero: su Santidad Benedicto XVI y su comitiva, que viajaban hacia México primero y a Cuba después. A bordo también había setenta y tres periodistas de todo el mundo. Entre ellos, mi compañero camarógrafo Juan Carlos Guzmán, y yo.

Dos días antes, mi amiga del alma, la vaticanista y escritora Valentina Alazraki, decana de la prensa mexicana en El Vaticano, me había llamado por sorpresa.

—Dame dos preguntas para presentárselas al Padre Lombardi, el portavoz del Vaticano. Están haciendo el pool de los periodistas que van a hablar con el Papa si hay conferencia de prensa. Así que si tienes suerte, te tocaría hacerle preguntas al Papa.

Recuerdo haberle dado dos: Una, si pediría perdón en México a las víctimas de abuso sexual por parte de algunos sacerdotes. La otra, sobre su viaje a Cuba y los cambios que esperaba recibir del gobierno castrista.

Al día siguiente, Valentina me dio una mala noticia.

—Lo siento, no escogieron las tuyas.

Le dije que no se preocupara, que le agradecía en el alma haberlo intentado. Sin embargo, el día del viaje, apenas subimos a la cabina del avión, el Padre Federico Lombardi cambió el panorama respecto a mi retorno a la televisión:

—Hemos añadido una pregunta más. Es la de Cuba y tú la vas a hacer. Así que serás la primera. Abrirás la conferencia de prensa.

¡Quedé boquiabierta!

Si eso no es un milagro, ¿entonces qué lo es?

Y de pronto, como si fuera una película, las imágenes se sucedieron rápidamente y ahí estaba yo, frente a Benedicto XVI, diciéndole:

—Su Santidad, usted visitará a Cuba siguiendo los pasos de Juan Pablo II, ¿qué espera recibir del gobierno de La Habana?

La respuesta del Papa dio la vuelta al mundo. Había dicho, sólo cuatro días antes de llegar a Cuba, que el socialismo era un régimen obsoleto y que había que buscar nuevas formas para que la sociedad fuera libre.

¡Está demás decir que mis compañeros en el noticiero estaban felices!

Ni bien llegué al estudio del *Noticiero Univision* en Guanajuato, donde Jorge Ramos transmitía, el aplauso del equipo para mí y Juan Carlos Guzmán, quien hizo posibles las imágenes y la edición de aquel reportaje, repetida por todos los noticieros en la cadena y nuestras afiliadas, recompensó nuestro esfuerzo.

Jorge Ramos hizo notar que los Papas no dan entrevistas, pero que Benedicto XVI había hablado con el *Noticiero Univision* en primera instancia.

Pero más allá de aquel "momento" estaba el fondo del aprendizaje... el hecho de que me negué a que me enterraran profesionalmente.

Le sucede a cualquiera

Si Jorge me hubiera preguntado lo que pasaba por mi mente después de aquella oportunidad única para un periodista, seguramente no habría podido decirle la verdad porque estaba pensando en lo que me había sucedido meses antes, cuando la historia era diametralmente opuesta.

Resulta que quien podía haberme dado trabajo, dijo con enojo a quienes le fueron a pedir que me contratara como *freelancer* para la beatificación de Juan Pablo II en 2011:

—¿Collins? ¡Está muerta! Es historia. ¡No me vuelvan a mencionar su nombre otra vez!

Cuando me enteré por varias fuentes de aquel incidente en que piadosas almas recibieron un gran regaño al ir a pedir trabajo para mí, me invadieron la desolación, la angustia y el desamparo.

Pero nadie previno del desenlace que la vida tiene para todo, haciéndonos actores de la mejor telenovela.

Meses después hubo cambios y yo, una desahuciada laboral, ¡regresaba por la generosidad de otros!

Pensé en la ironía: ¿Qué habrá pensado aquella persona que me condenó a nunca más ejercer mi carrera de periodista al verme haciendo a nada más y nada menos que el Papa la única pregunta que respondió a una cadena de televisión hispana de los EE.UU.?

Nada, absolutamente nada en esta vida es seguro, mucho menos un empleo, a menos que seas dueño de tu propio negocio y, muchas veces, ¡ni aun así! Pero los nuevos jefes, en un gesto que nos mostró el respeto que tienen hacia su oficio, y quienes únicamente me conocían por el trabajo, me habían traído de vuelta.

El fin de un contrato y el principio de la desesperación

Pero mi mente también voló al desastre en que mi vida se convirtió seis años antes, cuando decidí poner fin a mi fallida incursión en el entretenimiento matutino de la TV en aras de estar más tiempo junto a mi entonces esposo. Él se quejaba —y con toda razón— de que nunca nos veíamos porque yo me la pasaba montada en un avión de lunes a viernes y los sábados y domingos trabajaba como presentadora del noticiero del fin de semana.

Diez meses antes de que venciera mi contrato, avisé a la cadena que no iniciaría pláticas para renovarlo porque había otras razones de peso de por medio.

Al final, la vida nos jugó una terrible pasada a mí y a mi marido, Fabio Fajardo, quien murió a los cincuenta y dos años de edad debido a un cáncer repentino que se lo llevó en siete meses y once días.

Al morir Fabio, me di cuenta de que ya no existía razón para seguir en aquello que me hacía infeliz a pesar del gratificante cheque, y decidí que en el norte, el sur, la playa o la montaña, fuera donde fuera, yo debería regresar al periodismo. El problema era... ¿quién me daría otra oportunidad?

Las trabas debido a leyes obsoletas de otros tiempos eran una muralla de piedra.

Por un lado estaban los que no me darían una oportunidad en la cadena donde había trabajado durante más de veinte años simplemente porque me había ido a Telemundo. Y en Telemundo estaban quienes no me querían porque sentían que les hacía sombra.

Lo cierto es que en el medio y sin trabajo estaba yo, sin opciones.

Hubo un tiempo en que cada llamada de mi agente Raúl

Matéu me producía mucha angustia porque, generalmente, era a él a quien le tocaba darme las malas noticias.

Para muchos empleadores, la edad jugaba en mi contra. Otros déspotas callaban la verdadera razón y participaban de la condena a muerte de la que muchos son víctimas. Yo no era diferente a los demás.

El asunto es no dejarse matar y eso fue lo que hice.

Decidí no vestirme de negro en mi funeral profesional y sacar fuerzas de la flaqueza.

Seguí entrenándome, como si fuera un beisbolista o boxeador.

Durante mi tiempo como reportera de las Ligas Mayores, de 1980 a 1986, siguiendo a los Padres de San Diego y a los Dodgers de Los Ángeles, aprendí lecciones que me sirven hasta el día de hoy: en un deporte, sólo un equipo gana. Trabaja duro para que tú seas el ganador.

El pícher mexicano Fernando Valenzuela era la sensación en los Estados Unidos en 1981. Fue el primer hispano en ganar un millón de dólares de sueldo, y ni qué decir de aquella campaña donde fue el novato del año y el ganador del trofeo Cy Young. De Valenzuela aprendí una gran lección sobre cómo reinventarse:

—No importa lo que te suceda y te saque de donde te encuentras —me dijo un día—, lo importante es que te prepares constantemente para cuando te vuelva a llegar la oportunidad. Y en el momento en que llegue, agárrala con todo y no la dejes ir. Verás que así suceden las cosas.

Resulta que abrir la conferencia de prensa a bordo del

avión papal aquella mañana de marzo de 2012 era el resultado de mucho esfuerzo. Porque uno no debe dejar que un jefe, patrón, supervisor o compañero de trabajo, sin razón alguna, dicte nuestra sentencia de muerte laboral. Sólo es cuestión de aguantar a que lleguen tiempos mejores y la oportunidad.

Sólo eso. Y ahí está la prueba.

~ PARA TENER EN CUENTA ~

~ *No te resignes a la muerte laboral. No aceptes que nadie diga que estás muerto, que eres historia.*

~ *Prepárate como si fuera el primer día. No importa cuántos años tengas, pon en ese aprendizaje lo mejor de tu esfuerzo.*

~ *Cuando te llegue la oportunidad (que siempre se presenta) agárrala con fuerza y no la dejes ir.*

~ *En un partido sólo un equipo gana; ¡esfuérzate para que el ganador seas tú!*

~ *¡Y niégate a ir a tu funeral profesional! Nadie tiene derecho a enterrarte.*

2

Si no creyera en los milagros...

El 27 de enero de 2011 no podía ser un día más desesperante para mi vida laboral. Tenía hasta las seis de la tarde para aceptar la única opción de volver con dignidad a mi amadísimo oficio de reportera de televisión.

Esa única opción en realidad era mala: una paga muy baja, aprovechándose de que me sabían fuera del mercado y con ansias de volver. Ahí no valió que fuera una buena reportera. Dos años sin trabajo habían disminuido mi valor en el campo laboral.

—Me da rabia —me dijo entonces Raúl Matéu, mi amigo y agente desde hace casi dos décadas—, cuando un empleador me dice: "Esto es lo que hay para ella, y no hay margen para negociar. O lo toma o lo deja".

Ante el poco tiempo que quedaba para encontrar algo mejor, cerca del mediodía Raúl trataba de darme ánimos.

—Sé que esto no es ni remotamente algo que merezcas y que nos han puesto contra la pared, pero creo que un contrato de un año haciendo los reportajes que tú sabes hacer mejor que nadie nos permitirá mostrarte como la periodista que eres. Y mira, en Univision están dándose tantos cambios que nunca sabes... Ya verás que las cosas van a cambiar. De eso no tengo la menor duda.

Raúl hablaba de algo muy cierto. Habrían cambios, pero en realidad yo tenía que hacer el gran sacrificio de mi vida en las últimas décadas: mudarme de Miami a otra ciudad. Y más: mi empleador no me permitiría continuar con las columnas de *El Sol de México* y de *El Nuevo Herald* que escribía desde hacía años, ni tampoco hacer los seminarios de superación personal que tanto me llenaban el espacio laboral.

Mi hermano Raymundo, a quien consulto las grandes decisiones de mi vida, me dio el mejor consejo:

—Somos nómadas. Tenemos que ir tras el trabajo dondequiera que se encuentre. Si el único que tienes está fuera de Miami, no hay nada más que decir.

A pesar de saber que no había nada más, nunca podré explicarme por qué le pedí a Raúl que esperara hasta las seis de la tarde para responder a la oferta de trabajo... Y jamás voy a olvidar lo que sucedió a partir de ese momento.

Alrededor de las cuatro de la tarde, una llamada cambió mi vida inesperadamente.

Era Patsy Loris, recién nombrada directora de noticias de la cadena Univision, bajo una nueva administración. Y sólo preguntó una cosa:

—¿Podrías viajar mañana a la frontera con México para una historia que tiene que salir esta semana en *Aquí y Ahora*?

Instantáneamente la respuesta fue: ¡Síííííí!

Patsy colgó de inmediato sin darme más datos.

Me quedé casi sin respiración, helada, y sin saber qué hacer.

Minutos después se sucedieron una serie de llamadas que jamás olvidaré: la de Lourdes Torres, en ese momento productora ejecutiva del programa *Aquí y Ahora*; la de Marilyn Strauss, gerente de asignaciones nacionales; la de Gaby Tristán, productora ejecutiva del noticiero; la de Angie Artiles.

Estas amigas expresaban regocijo ante la primera posibilidad real de que volviera.

Luego me enteré de que en la redacción del noticiero, un grupo de mis ex jefas y amigas, entraron una por una a ver a Daniel Coronell, recién nombrado vicepresidente ejecutivo de Univision Noticias, y prácticamente lo asaltaron con la misma súplica:

—Por favor, contrátela.

Coronell, un ser inmensamente magnánimo y abierto a todo lo nuevo, no sólo las escuchó, sino que aceptó la sugerencia de contratar a una reportera sin importar que esta tuviera cincuenta y nueve años de edad. Pero tuvo que hacer más aun: pedirle apoyo a Isaac Lee, el presidente de noticias de la cadena.

Lo que ambos hicieron fue inconmensurable, sobre todo porque no me conocían personalmente. ¡Todo por las recomendaciones de mis ex compañeros que me querían de vuelta luego de un doloroso periodo de desempleo! Que se debía únicamente a un rencor laboral porque me había ido a otra cadena, aunque sin hablar nunca mal de nadie ni competir con el noticiero.

La ayuda de César Conde, entonces presidente de Univision, fue —como decimos en mi pueblo— punto y aparte, y de eso hablo más adelante. De él dependieron muchas cosas, incluso que él mencionara mi nombre a los nuevos ejecutivos del *Noticiero Univision* para que evaluaran si podría ser útil en las nuevas direcciones de la empresa.

Lourdes Torres, con quien había trabajado durante años, me dio directamente la asignación:

—Daniel Coronell quiere una investigación especial sobre una tragedia que ha sucedido hace unas horas: sales temprano a la frontera con México, a un territorio dominado por el cartel de los Zetas, a investigar la muerte de una misionera cristiana a quien balearon junto a su esposo y quien murió a consecuencia de ese ataque. Apenas tendrás tiempo para llegar, filmar y regresar a Miami a escribir la historia que saldrá en el show dentro de cuatro días. Lúcete, MAC, hazlo como tú sabes.

Las sorpresas iban en aumento conforme pasaban las horas. En esa primera asignación la productora sería María Martínez-Henao, a quien me une una gran amistad y respeto profesional, lo que aseguraba gran parte del éxito, no sólo porque ella le pone todo el corazón a sus proyectos, sino también porque es como yo, un búfalo arremetiendo que rompe barreras para lograr su metas.

Llamé a mi hija Antonietta a McAllen, Texas, donde trabajaba de reportera, para contarle el milagro que había sucedido. Lloró de la emoción.

De pronto, la voz de Jorge Ramos me sonó a música celestial:

—Collins, ese reportaje es todo tuyo. Dale.

Patsy y Lourdes me llamaron nuevamente con los detalles del vuelo, de la salida, del reportaje.

Patsy había cumplido algo que me había prometido años atrás en los peores momentos laborales.

—El día que yo pueda, Colincha, voy a pelear para que regreses.

Con cada llamada que recibía se me salía el corazón de la emoción. Era la generosidad desbordada.

De pronto miré el reloj... ¡Las cinco y media! Y me acordé de ¡Raúl Matéu y la respuesta a los otros! ¡Mi madre! Lo llamé desesperada, sin saber cómo explicarle todo lo sucedido en un par de horas. Sólo pude decirle una cosa...

—¡Ya no podemos aceptar la propuesta!

—¿Quéééé?¿ Y entonces? —dijo—. ¿Qué vamos a hacer? Habíamos quedado en que te irías un año, MAC, sólo un año y las cosas mejorarían... pero, ¿por qué el cambio de parecer?

Raúl, querido —le dije emocionada—. ¡Porque tengo trabajo!

—¿Cómo? ¿Dónde?

Bueno, no sé si lo tengo, pero... ¡Me han llamado del *Noticiero Univision* para hacer un reportaje!

Matéu no podía creerlo.

—¡No entiendo nada!

¡Un milagro! —le dije—. A primera hora salgo a la frontera con México para investigar el asesinato de una misionera a manos de los Zetas. Eso es todo lo que sé. Acepté. No sé ni cuánto me van a pagar, ni lo pregunté, ni me importa. Sólo me importa hacer un buen trabajo, que lo demás vendrá solo.

Raúl me felicitó. Respiraba aliviado.

—Ahora mismo llamo a los otros para avisarles que no hay trato.

La reportera Collins estaba en camino a lo suyo.

Y los próximos días fueron un maremágnum de acontecimientos. Con María Martínez-Henao al lado como productora, cualquier cosa era posible.

Nos entendemos con sólo una mirada, y la temeridad es bastante amplia en nuestro vocabulario.

El segundo día trabajando en la frontera, María me dijo que si queríamos un ángulo diferente al de los demás, tendríamos que llegar hasta el sitio del ataque. Eso significaba ir a San Fernando, Tamaulipas, territorio del cartel de los Zetas, a donde un año antes no pudimos llegar por amenazas de ese cartel.

—Entonces, vamos para allá mismo —dije—. Cueste lo que cueste.

María hizo los contactos, pero ahora había que convencer a Jerry Johnson, el camarógrafo.

—¡Están locas! ¡Locas, locas y de remate! No saben en lo que se están metiendo.

—Locas sí estamos —dijimos a coro—, pero te equivocas en eso de que no sabemos lo que hacemos. Sólo queremos saber: ¿Vienes con nosotras?

Nos miró con ganas de matarnos, pero conociéndonos, orgulloso, en el fondo.

—Ni modo de dejarlas solas. Voy.

No narro los detalles del operativo porque hay cosas que deben permanecer en secreto para no poner en riesgo vidas inocentes. Lo cierto es que Univision nos proporcionó todo tipo de protección que debimos dejar abandonada a último momento por exigencias de quienes nos estaban conduciendo.

—Sin guardaespaldas; sin armas —exigieron—. Todos ustedes deben viajar dentro del mismo auto y que no sea suburban, sino un sedán que pase desapercibido.

Desde Miami, Lourdes Torres desesperada nos enviaba correos a los BlackBerry.

—¿Donde están? ¡El guardaespaldas las está esperando en Reynosa!

Para entonces llevábamos dos horas en camino hacia San Fernando, Tamaulipas, y decidimos no responderle hasta darle la sorpresa del sitio donde estábamos.

O la hacíamos o no.

¿Tuve miedo? ¡Por supuesto que sí! Pero mi necesidad de salir adelante sólo me dejaba conocer un miedo: el miedo a tener miedo.

Dadas las condiciones, todos ahí sabíamos que si las cosas no salían como planeábamos, podríamos sufrir un secuestro o algo peor, pero que de lo contrario íbamos a triunfar.

En el peor momento fue que entendí que María —madre de una niña— estaba arriesgando su vida y sólo para ponerme en el centro de una buena historia que me permitiría volver, algo que agradeceré eternamente.

Nada malo sucedió. Hay gente que da su palabra y la cumple. Y los que prometieron, cumplieron.

Llegamos a San Fernando, Tamaulipas, una ciudad donde el miedo de los pocos habitantes que quedan puede cortarse con una tijera. Todos observan, escrudiñan y previenen a los escasísimos visitantes que llegan. No es un sitio turístico. Avisamos a Miami donde los rezos y la preocupación se unieron a nuestra aventura.

—Cuídense y no se arriesguen más —pedía Lourdes Torres—. No se queden ahí más de lo necesario.

María, nuestra guía, Jerry Johnson y yo estábamos alerta para ver si nos seguían, de un bando o del otro.

Luego de una arriesgada incursión donde pudimos hablar con grupos cristianos y localizar el punto del ataque, la Providencia nos libró del peligro cuando gente del cartel de los Zetas nos había identificado. Milagrosamente pudimos escapar y regresamos a los EE.UU. sanos y salvos, y con muy buen material.

El correo electrónico de Lourdes Torres reflejaba la felicidad y el alivio de todos:

—Collins, Henao y Johnson ya de regreso en los EE.UU. Acaban de cruzar la frontera a salvo.

El *súmmum* del momento fue cuando el pastor viudo se apiadó de nosotros y del poquísimo tiempo que teníamos, y luego del entierro de su esposa asesinada nos dio una entrevista exclusiva.

Apenas con el tiempo contado para escribir y editar, regresamos a Miami, sólo ocho horas antes de que la historia saliera al aire en *Aquí y Ahora*.

Después, esa tarde, una a una sucedieron cosas increíbles porque las había soñado con toda mi alma en los tiempos más oscuros.

Mientras escribía, nuevamente mis jefas y amigas me llamaron con otra sorpresa:

¡Estaría en el *Noticiero Univision* esa tarde para presentar mi reportaje en *Aquí y Ahora*!

¡Era mi retorno real ante el público!

Nadie más que yo sabe lo que sintió mi corazón al volver a estar en aquel escritorio donde pasé casi doce años como presentadora del noticiero nacional de los fines de semana y del que nunca me pude despedir.

Como había salido de la casa sin vestirme para salir al aire, Angie me prestó la chaqueta negra que traía; alguien más me puso sus aretes; y Lazz, el maquillador, hizo un gran trabajo como siempre.

Y al aire, ahí, al final del noticiero presenté el reportaje junto a María Elena Salinas.

—Bienvenida, María Antonieta, bienvenida —dijo.

Jorge Ramos pronunció tres palabras que sellaron el único retorno del que se tenga memoria, de un reportero que se haya ido a otro medio y haya vuelto a Univision. Fueron sólo cinco palabras:

—Ya era hora, Collins, bienvenida.

Fue música celestial que puso fin a un periodo de dolor e injusticia.

Lo que el público no vio, como siempre, es que lo mejor sucede detrás de los bastidores.

Apenas finalizó la música del noticiero, yo sentada junto a mis admirados compañeros, un gran aplauso de todos dio la bienvenida a la reportera Collins.

Daniel Coronell, que estaba viendo el noticiero en su oficina, vino hasta el set. Me abrazó como si me conociera desde siempre y dijo:

—No sé si después de esto tú y yo tendremos trabajo aún aquí, pero hay algo de lo que quiero que estés segura: ¡Nunca más una injusticia!

Se me salieron las lágrimas. Las mismas que había en muchos ojos esa noche. Eso vivirá conmigo el resto de mis días.

¿Qué había sucedido?

Que se había cumplido al pie de la letra algo que Raúl Matéu inculca a quienes acepta representar.

—Para que nunca te falte empleo hay que reunir ciertas condiciones: Una, tienes que ser muy bueno en lo que haces. Si eres el mejor, eso te va a ayudar más, sin duda. Dos, nunca decir que "no puedes" cuando te llamen. No importa la hora. Un "no" es calificación en contra. Tres, ser una buena persona. Honesta, leal. Y por último, tener buenos amigos que estén en puestos donde puedan ayudarte y que recuerden que eres una buena persona, que siempre estás dispuesto a trabajar y que eres el mejor en lo que haces.

⌒ PARA TENER EN CUENTA ⌒

Para que no falte empleo o que te contraten nuevamente hay pasos a seguir:

- ~ *El único miedo es el miedo a tener miedo. Nada más.*
- ~ *Tienes que ser muy capaz en tu trabajo. Si eres el mejor eso ayuda más.*
- ~ *Nunca decir "no puedo"; eso jugará en tu contra.*
- ~ *Ser una buena persona.*
- ~ *Tener amigos en puestos clave que siempre recuerden quién eres en realidad.*

3

Cuando otros se retiran...
tú tienes que llegar

Hace tiempo escuché una frase que he hecho mía pero que en realidad pertenece a mi comadre Talina Fernández, presentadora de radio y televisión en México y amiga de verdad.

—¡Qué terrible que te mueras a los cincuenta años... pero que no te entierren hasta los ochenta!

Talina es un ejemplo inmenso de la reinvención de una persona ante la adversidad y con ese derecho había dicho una verdad tan grande como una catedral sobre el proceso de la reinvención.

Eso mismo me repetí como un mantra cuando estaba en el proceso de formar a esta Collins que les escribe.

"No me quiero morir ahora y que mi funeral sea dentro de dos o tres décadas. ¡Qué horror!".

Pero hay gente que al sufrir una pérdida como lo es la de un empleo —por las razones que fueren— no se da cuenta de que está viva porque vive lamentándose y sintiéndose una víctima. No salen de ahí porque en cierto punto de sus vidas descubrieron que seguir en ese estado es más fácil que intentar lo contrario... es decir, cambiar para mejorar.

Esta premisa te va a permitir llegar a la meta que te has propuesto para perder el miedo cuando los pronósticos debido a la edad son adversos: "Cuando otros se van o los están retirando... yo voy a llegar".

Pero no te equivoques: no es sencillo ni se trata de una frase aislada. Esto requiere toda una estrategia y una promesa de vida nueva con varios capítulos a seguir.

¡Un perro viejo *sí* aprende nuevos trucos!

No resisto escuchar una excusa común en mujeres que me dicen que no encuentran trabajo porque "ya están muy viejas para comenzar de nuevo". A todas ellas les digo lo mismo: ¿Vieja? ¿De qué me hablas?

"¡Viejos los cerros y reverdecen cada año!".

Primeramente, los años importan únicamente si tú los haces notar así: sin nada que dar a los demás. Lo único que es relevante es que tengas disposición para realizar el cambio —en la segunda o tercera— etapa de tu vida. La etapa no es lo que importa. Pero sí lo es la actitud para la reinvención.

Cada vez que María Piñón, jefa de editores y equipo del *Noticiero Univision* me llama a su oficina, generalmente es para poner en mis manos otro de los "juguetitos electrónicos" que cada día requerimos para nuestro trabajo. El último grito de la moda.

Conocedora de su oficio y de los reveses que ocurren por no tener las cosas a mano, y peor aún, por no saber utilizarlas, Piñón procura tenernos a todos —camarógrafos y corresponsales— actualizados con lo último en el mercado.

Saber todo eso es parte de la exigencia de mi trabajo. Por supuesto que para los jóvenes cada cosa nueva que se les entrega no significa ningún obstáculo porque su cerebro, por cuestiones de edad, está programado para aprender fácilmente y está abierto a lo que viene. Pero en mi caso he temblado de susto cuando me han entragado una cámara portátil nueva, un disco externo para archivar el video grabado o las máquinas que nos permiten registrar segundo a segundo las entrevistas que hemos hecho.

"Y ahora —me digo—, ¿qué hago con todo esto? ¿Ponerme a lamentar que esto es cosa que sólo aprenden los jóvenes porque a ellos se les facilitan más las cosas? ¡Nuuuuunca!".

Por el contrario, si a los sesenta años ando cargando con una pesada computadora portátil que en realidad es la editora de repuesto por si falla la del camarógrafo, ¡lo hago sin quejarme! Si tengo que aprender los pasos básicos de una edición, antes sólo reservada para los camarógrafos, en vez de ver eso como un impedimento para mi edad en este empleo, feliz me dedico a viajar con eso y con las otras cosas que poco a poco he aprendido a utilizar.

¿Qué me ha hecho pensar así? Sencillo. Que la reinvención de una persona se basa en estar dispuesta a realizar lo que la posición que buscas requiere.

Es decir, que reinventarse requiere entender que en un mercado tan competitivo, renovarse o morir son las únicas dos opciones posibles.

En este punto es importante reflexionar y entender que lo que viene requiere estar dispuesto a sacrificios y a escuchar y entender muchos puntos de vista, no necesariamente de acuerdo al tuyo. Pero recuerda que te estás embarcando en la aventura más importante que hayas iniciado y que las aventuras, cuando se planean y realizan cuidadosamente, son algo lleno de intensidad y de aprendizaje. Por eso yo desafío al refrán popular que dice que "un perro viejo no aprende nuevos trucos". ¡Que me lo digan a mí que lo hago a diario!

No eres una víctima... ¡Esas nunca se reinventan!

¿De cuándo acá los quejumbrosos, las quejumbrosas, quienes se victimizan pueden salir del hueco y hallar empleo? Te informo que nunca.

Los que quieren escuchar tragedias y decir: ¡Pobres los que están desempleados! Esos, y mira que te lo escribo con mayúsculas, NUNCA te van a dar trabajo porque ellos mismos no quieren cargar con tu problema a cuestas.

Por supuesto que te van a escuchar, sí, porque el chisme es sabroso y todos los seres humanos tenemos una dosis de morbo en nuestro organismo, pero es para chis-me-ar. Para nada más, porque no quieren a ninguna víctima junto a ellos. Ellos eligen a gente que no se queja, que no vive pensando que le va mal, que no se la pasa hablando por el celular todo el tiempo contando sus historias antes de cumplir con su trabajo.

¿Entiendes? Entonces más claro que eso ni el agua.

¿Quieres comenzar con los pies firmes? ¿Qué te despidieron? ¡Perfecto! Eso lo sabes y lo has vivido en carne propia, pero con los lamentos no has conseguido que nadie te llame para ofrecerte empleo, ¿verdad? Entonces, ¡manos a la obra! Que las victimas ¡nunca se podrán reinventar! ¿OK?

Ahora requerirás de otras cosas igual de importantes.

El fin del duelo laboral

El concierto de los llantos no puede durar mucho tiempo en alguien que esté dispuesto a triunfar nuevamente. Nooooo. Sin embargo soy muy consciente de que perder el empleo puede significar un funeral emocional y por lo tanto requiere un periodo de luto.

Como en todas las pérdidas tú decides cómo manejar esa situación. ¿Vas a vestirte de negro? ¿Vas a rendirte ante la depresión? ¿Vas a llorar?

¡Muy bien! Hasta ahí son cosas comprensibles y las he vivido. Ahora la gran pregunta que debes hacerte es: ¿Cuánto tiempo durará el duelo laboral? ¿Cuánto será suficiente? Usualmente la decisión estará basada en tu necesidad de dejar lo malo atrás para comenzar de nuevo.

Si me preguntaran por el tiempo apropiado para hacerlo, la respuesta está en cada uno. En mi caso no son más de dos semanas. Tampoco significa que después de eso no voy a sentir nostalgia. No. Lo que te quiero explicar es que lo que a cada instante me hacía llorar y lamentarme después de ese tiempo será reemplazado por el deseo de comenzar una nueva etapa y eso requiere de toda mi energía.

Así que pon en marcha el primer paso: los muertos de cualquier tipo están en los cementerios. ¡Y tú no te has muerto!

Recuerda que la meta es una:

"Cuando otros se retiran, tú tienes que llegar".

PARA TENER EN CUENTA

~ *¡Un perro viejo SÍ aprende nuevos trucos!*

~ *Decide cuánto va a durar tu duelo laboral.*

~ *Debes aceptar que la siguiente etapa de tu vida es la aventura más importante en la que te hayas embarcado.*

~ Lo importante para la reinvención es la actitud:
  Deja atrás el papel de víctima. Esas no encuentran
  empleo.

~ Saber que todo ha cambiado también requiere
  sacrificio.

~ Aprende a escuchar opiniones que no siempre
  coinciden con las tuyas.

4

¿Crees que ya no queda nada
para ti? ¡Reinvéntate!

El elegante salón del Hotel Biltmore de Miami era el escenario de la fiesta del año de la revista *People en español*. Su editor, Armando Correa, recibía en un evento anual a sus invitadas, mujeres que habían sido seleccionadas como "las veinticinco mujeres más poderosas del año".

Dondequiera que uno mirara había alguien destacado de la comunidad hispana en los EE.UU.: Cristina Saralegui, Rossy Rivera, Olga Tañón, Lili Estefan. En la alfombra roja estaba la experta de moda Kika Rocha entrevistando invitadas y entre ellas, yo, una de las veinticinco escogidas.

Cuando me entrevistaron alcancé a decir lo que siento sobre este retorno que me ayudó a ser nominada: detrás de mí se encuentran miles de mujeres de más de cincuenta años que pensaban que profesionalmente los años habían terminado, pero tuvimos la oportunidad de reinventarnos... y lo hicimos.

Después de haber producido noticias en Alabama,

Arizona, México, dondequiera que me enviaran, el mensaje es que no somos candidatas al retiro sino a ser contratadas nuevamente.

Armando, quien me ha visto en la luz y en las sombras, me dio el gran halago cuando al oído me dijo:

—Sí es cierto eso que nos dijiste sobre la reinvención, pero debo decirte que la lista de quienes lo han hecho como tú es pequeña.

Se me hizo un nudo en la garganta.

Sentada junto a mi hija Antonietta, compartiendo la misma mesa con la pastora Rossy Rivera, hermana de la fallecida Jenny Rivera, y la periodista María Morales, mi mente voló inevitablemente al punto que nadie ahí podía imaginar: las mañanas en las que, ya sin trabajo, me desperté con la angustia existencial de pensar que no había trabajo para mí. Esas mañanas corría al espejo y me veía tal cual era: una mujer a la que le faltaban muy pocos años para cumplir los sesenta, con un océano de pronósticos en su contra, pero que estaba decidida a no dejarse vencer.

Ahí, mientras observaba mi rostro, me juré que no iba a caer en el abismo del abandono, porque ese es tan profundo que termina matando el espíritu.

Recuerdo haber regresado a mi cama y haberme arrodillado para orar desesperada, porque estaba viviendo sentimientos que en mi vida imaginé que existieran. Me di cuenta de que cada mañana al abrir los ojos lo que me dominaba era un cóctel de emociones, de ansiedad y desesperanza. Poco después encontré una respuesta coherente y común a lo que me sucedía: era la angustia de amanecer, atardecer y anochecer sin tener nada que hacer.

Jamás, desde que comencé a trabajar a los dieciséis años, imaginé que algún día iba a ser parte de las filas del desempleo. Jamás.

¿Yo? ¿En el paro, como dicen los españoles? ¡Nunca!

Desde los dieciséis años había laborado sin descanso y si tomaba unos días eran los necesarios, porque para mí trabajar nunca fue una obligación, sino por el contrario algo mágico y maravilloso que ocupaba todo, todo el tiempo disponible del día y me proporcionaba felicidad.

"Workaholica" me llamaban y me siguen llamando amistades y familiares. Yo tan feliz, lejos de sentirme con complejo de culpa.

Orgullosa a los cuatro vientos proclamaba que si bien no he sido favorecida con una relación sentimental estable, por el contrario la relación más duradera siempre había sido mi trabajo: más de doce años en la cadena Televisa, más de veinte en la cadena Univision, pero apenas si tres en Telemundo, donde diez meses antes de que finalizara mi contrato, mi agente les notificó que yo había decidido volver a las noticias. Era como si una máquina de tren que durante años corría desbocada, de golpe se hubiera parado en seco.

¿Qué me sucedía? Que seguía despertándome muy temprano —a las siete de la mañana, mi hora acostumbrada. Antes para apenas vestirme y salir corriendo al trabajo; ahora, para hundirme en la desesperación recordando que no había trabajo para mí. La angustia iba subiendo de tono hasta que me di cuenta de que ese sentimiento no iba a llevarme a ninguna parte, pero era el patrón de vida que yo misma había creado el que actuaba en contra mía.

Entonces, sabiendo eso, también de golpe y porrazo fue que decidí una mañana iniciar mi proceso de reinvención, para lograr hacer de mí "la nueva Collins" sin importar cuántos años tuviera a mis espaldas.

Como dicen de los autos: "nueva y de paquete". Recién salida de una fábrica de ensamblaje, sin valijas que me amarraran a nada y decidida a salir adelante.

Antes que nada... sustituir es la clave

Había que identificar las fuentes de angustia. Una era reemplazar los espacios vacíos antes ocupados por el empleo y que comenzaban diariamente muy temprano. Una vez localizada esta situación entonces todo fue más sencillo de resolver: ¡Tendría que irme a la calle a la misma hora que lo hacía cuando estaba trabajando!

Pero, ¿a dónde? ¿A hacer qué? No era fácil. De pronto me vino a la mente algo impensable. ¿Acaso yo no quería estudiar italiano? ¿Acaso no quería comenzar a andar en bicicleta? ¿Acaso no quería estudiar piano clásico? ¡Ahí estaba la respuesta!

Me inscribí en una escuela de idiomas y escogí la primera

clase de la mañana, de manera que tendría que salir más que temprano. Increíblemente en la primera semana, como estaba ocupada, la angustia comenzó a disiparse.

Lo mismo hice con las tardes, y aparté tiempo para clases de piano. Las columnas para los diarios *El Sol* y *El Nuevo Herald* siempre escritas en medio de los complicados días como reportera, ahora tenían días especiales para ser escritas. Esto me proporcionaba el alivio de saber que yo tenía un trabajo que me ocupaba el tiempo libre. Pronto me llegó otra columna más, para *Selecciones*, la revista que durante décadas fue un icono, además con una excelente paga que ayudaba a solucionar muchas cosas.

Y así un sinfín de actividades comenzaron a poblar mi antes desolada agenda que comenzó a llenarse más y más mientras yo me iba reponiendo. Llegó el momento en que me pregunté si eso tan bueno que me estaba pasando, donde yo era la dueña de mi propio tiempo, no era lo mejor que me había sucedido, y peor aún: si en verdad querría yo volver a la locura de ser corresponsal. Por supuesto que no pude responder.

La verdad es que había comenzado a resolver lo que había sido una gran fuente de angustia y a no sentir lástima por mí misma.

Sí, ya sé que me vas a decir tú: "Ah, pero es que no tenía que salir a buscar el dinero para pagar la renta o la hipoteca o el auto o la comida". Recuerda que en cuestión de gastos, con menos o más dinero, cuando no hay un cheque fijo las deudas vienen siendo las mismas. Ciertamente, el que yo no hubiera hecho disparates financieros me ayudó muchísimo, pero eran tiempos de austeridad.

Pero había algo más que me hacía conmiserarme, algo que literalmente estaba en mis manos y que me recordaba que no tenía empleo...

Cuando el teléfono ya no suena

Tengo miedo de las palabras que salen de mi boca, porque en muchas ocasiones esos pensamientos verbalizados llegan a cumplirse no sólo para bien, sino también en mi contra.

Resulta que durante mucho tiempo me ha sucedido algo que probablemente te ha sucedido a ti también: estás hablando por teléfono cuando de inmediato entran otras dos o tres más, de gente que insiste en que les respondas y por lo tanto siguen y siguen llamando.

Y terminas una llamada y siguen otra y otra, y acabas con la oreja caliente de tanto tener el aparato pegado a ella. No hay tiempo para nada más que para resolver las cosas que nos hemos acostumbrado a no postergar: responder a una llamada telefónica.

En más de una ocasión, abrumada por las llamadas, me dije furiosa:

Grrrrrr... Estoy a punto de tirar este teléfono para que no siga sonando. ¡Que no suene más!

Pronto tendría que acostumbrarme a que así sucediera a diario. Pero no me di cuenta de inmediato sino con el tiempo. Primero fue la sensación de alivio la que ni siquiera me hizo notar lo que sucedía: después, cuando me di cuenta, encontré el traicionero origen de eso: que cuando las luces del programa matutino que yo conducía se apagaron para siempre, lo mismo pasó con los que me adulaban y me buscaban a toda hora por cielo, mar y tierra. Y también con los supuestos amigos para los que yo supuestamente era un personaje insustituible... y hasta para los posibles amores.

El teléfono estaba callado y, peor aún, hubo personajes que tampoco respondían a mis llamadas, temiendo quizá que les pidiera trabajo.

Entonces vino el momento de la gran enseñanza: habría que aprender a valorar más a los amigos que siguieron llamando para saber cómo estaba. Uno de ellos, Jorge Ramos, quien siempre estuvo a mi lado. Aprendí que los que siguieron llamándome son los amigos que de verdad atesoro.

Profesionalmente, también aprendí que las llamadas de negocios regresarían cuando yo activara a "la nueva Collins", así que tendría que poner manos a la obra en el proceso de crearla.

Luego de pensar en todo eso, mi mente regresó al presente: el almuerzo para honrar a las mujeres más poderosas del 2012 para la revista *People en español*. Lo que me sacó las lágrimas fue una frase que mi hija Antonietta dijo cuando le preguntaron por su madre:

—Admiro su capacidad para no dejarse vencer. Nunca, ni en los peores momentos se ha dejado derrotar aunque en realidad las cosas hayan ido mal. Es la maga de la reinvención.

Eso me convenció de que había estado haciendo las cosas bien sin provocar lástima.

～ PARA TENER EN CUENTA ～

~ *Localiza las fuentes que te producen angustia y temor a quedar desempleado.*

~ *No amanezcas sin nada que hacer.*

~ *Si acostumbrabas a levantarte temprano y lo sigues haciendo pero sólo para auto conmiserarte, eso no te va a llevar a nada.*

~ *En los primeros días del desempleo no caigas en la depresión porque no tienes nada que hacer. Ocupa ese tiempo, que será transitorio.*

~ *Que tu boca no pronuncie cosas que puedan tenerse en tu contra.*

~ *Si tu teléfono ya no suena porque te has quedado sin empleo, eso se debe a que los amigos que decían serlo, no lo eran. Aprende a apreciar a los que sí siguen llamando.*

5

Tú eres tu mejor producto
¡la mejor marca!

Ese día de febrero de 2010 en Nueva York no podía estar más helado. Me preocupaba lo que sucedería por la tarde cuando me presentaría en la biblioteca pública de Queens como parte de una gira que se llamaba "Más valor por tu dinero" patrocinada por el jabón de lavar Tide.

—La gente de la biblioteca —me informó Patricia Alvarado, responsable del evento— nos dice que dadas las condiciones del tiempo, puede que lleguen quizás sólo treinta personas, ya que el servicio meteorológico anuncia una fuerte nevada.

No pude sentir más desolación con la noticia. Especialmente porque este nuevo giro en mi carrera me había llevado a dar conferencias basadas en mis libros anteriores y, lejos de fracasar, todos mis empeños estaban enfocados en triunfar.

Como la crisis del 2009 nos estaba azotando a todos, el tema no podía estar más a tono: dale más valor a tu dinero, basado en mi libro *En el nombre de comprar, firmar y no ponerse a llorar*.

Me quedé sola, rezando en el camerino mientras esperaba a que llegara la hora del evento, cuando de pronto Patty Alvarado, siempre solícita y eficiente en lo que sabe hacer, que es organizar este tipo de evento, entró emocionada.

—MAC, ¡la sala de más de cien personas se ha llenado! El problema es que hay una inmensa cola para entrar ¡y ya los bomberos no dejan ingresar a más personas! Estamos buscando un monitor para poner en el lobby y que ahí pueda verse tu conferencia.

No pude menos que agradecerle a Dios por hacer realidad este milagro moderno.

Cuando, por las condiciones del tiempo, se esperaban a lo sumo treinta personas, ¡habían llegado más de doscientas! Y no venían a ver a una artista famosa, o a un cantante; ni siquiera a alguien que hubiera tenido un programa de televisión. Todo lo contrario, venían a ver a una mujer que hacía dos años no estaba en pantalla. Te preguntarás: ¿cuál era la razón?

Yo no me lo cuestionaba porque sabía la respuesta.

Esta era que yo había escogido correctamente cómo ofrecer el mejor producto... la mejor marca... ¡Y esa era yo!

Meses antes, en el proceso de reinvención, hubo algo clave...

—Está bien —me dije—. He perdonado a quienes me han hecho daño. He decidido dejar rápidamente el luto y la lloradera por lo que he perdido. He decidido que debo reinventarme, pero entonces, ¿qué voy a ofrecer?

Hacer un inventario real de tus habilidades

No es ir a pedir que te den empleo o que te contraten por tu linda cara —que con los años puede ser simpática, pero ciertamente menos linda en comparación a la de la gente joven—, sino hacer la más honesta evaluación de alguien a quien tú conoces mejor que a nadie porque se trata de tu persona. Es cuestión de que llegues a ofrecer una nueva cosa, un nuevo servicio que creas necesario.

Es llegar a decir: "Mira, creo que a tu negocio le podría hacer mucho bien esto que te estoy ofreciendo y que hago yo misma".

Para esto hice un inventario a conciencia de mis habilidades y en lo que soy buena. ¿Qué era eso? Bueno, dos cosas. Hablar en público es una.

Desde que tenía dieciséis años lo vengo haciendo con éxito. Me daban trofeos cuando ganaba —lo que siempre ocurría— y te explico qué sucedía en mi juventud.

Fui campeona de oratoria de mi escuela secundaria y de la Preparatoria Miguel Alemán, allá en mi Coatzacoalcos, Veracruz, México, de todos mis recuerdos. Con los años, en 1972 en todo México llegué a segundo lugar nacional de oratoria, ¡cuando apenas tenía diecinueve años!

Era la Demóstenes jarocha. Hablaba del tema que me pusieran en frente: política, religión, noticias.

Lo que nunca imaginé fue que aquello me serviría algún día para poder estar en la televisión no sólo en cámara leyendo noticias, sino en el sitio donde ocurren y donde generalmente hay que usar el "ad lib", es decir, la improvisación; sin eso estás muerta.

Así fue que planeé una serie de conferencias que estuvieran enfocadas a los hispanos y que eventualmente desembocaron en las que fueron patrocinadas no sólo por Tide, sino también por compañías de seguros médicos como UnitedHealthcare, que me contrató —muy de acuerdo a mi edad—para dar el seminario "El Medicare explicado en español".

Increíblemente, llegaron más cosas. En medio de la crisis de la vivienda, recibí la llamada de Wendy, a quien conocí cuando trabajaba en Telemundo, donde entonces ella era gerente de la afiliada de Nueva York.

Se había independizado y tenía una compañía de producción que iba a hacer un video para explicar en español cómo evitar las ejecuciones bancarias de las viviendas y los derechos de los hispanos que estaban en esa situación. ¡Y me había escogido a mí para hacerlo en el sitio oficial del gobierno de los EE.UU.!

No importaba la edad, sino la ca-pa-ci-dad.

¿Recuerdas la regla de oro de que hay que tener buenos amigos que recuerden que eres buena persona y que además eres buena haciendo tu trabajo para que no te falte empleo?

¡La llamada de Wendy recompensó el seguir esa premisa al pie de la letra!

Mi agente comenzó a recibir llamadas para todo tipo de eventos: hablar en convenciones de jóvenes, en otras de mujeres, hasta en eventos médicos explicando la diabetes a los latinos.

¡Wooow! ¡Estábamos en el camino correcto!

Diversificarse: otra regla de oro

El periodista Jorge Ramos es sabio con su mejor consejo:

—A nuestra edad hay que diversificarse, Collins. No hay otra.

Jorge mismo es un ejemplo de cómo diversificarse. Su columna, hoy leída en decenas de ciudades y países, comenzó con su gran esfuerzo de promover su mejor producto, que era él mismo. Llamaba y ofrecía incluso gratuitamente en aquellos años una muestra de sus columnas para publicarse semanalmente.

Con los años se ha convertido en el personaje de la televisión más leído con sus artículos que provocan controversia y regocijo a la vez.

No he inventado nada, simplemente he puesto en práctica los buenos consejos.

Más tarde, en el 2009, en medio de la gran crisis de desempleo, entró en juego la segunda habilidad con la que más disfruto a diario: escribir.

Por costumbre o vicio me gusta escribir y narrar todo lo que veo a mi alrededor, pues son las cosas que le pasan a todo el mundo. Salí a ofrecer una columna al diario para el que siempre había sido mi sueño escribir: *El Nuevo Herald*, que es la versión en español de *The Miami Herald*.

Su entonces directora Gloria Leal visionó una columna muy a su manera y que me encantó.

—Si eres capaz de contarle a nuestra audiencia lo que ves a tu alrededor y hacerla pensar, reflexionar, saber cuándo una cosa es buena o mala, entonces el trabajo es tuyo.

La periodista cubana fue el hada madrina de ese otro proyecto que se unía a una columna más política que cada viernes publico en la cadena *El Sol de México* y en los sesenta diarios que le pertenecen en ese país.

Gracias a Don Mario Vázquez Raña y a mi jefa durante más de una década, Pilar Ferreira, he podido escribir una columna que ya es parte de mi ADN.

Te quiero decir que esto me permitió cumplir financieramente con todas mis obligaciones y más, porque la reinvención ya estaba encaminada y funcionando y aquí viene lo bueno porque hay más situaciones que enfrentar.

Las comparaciones son odiosas, ¡evítalas!

¿Cuántas veces has escuchado este lamento tan común que menciono a continuación?

Hay gente que se la pasa diciendo: "Fulano o fulana son mejores que yo; por eso ellos tienen más oportunidades". Quizá si tú, que estás leyendo este libro, haces eso, seguramente pensarás al leer lo que te he contado: "Fue fácil para ella porque tenía abierto el mundo de la televisión". Nada más falso que eso. ¿Sabes por qué? Porque siempre hay espacio en todas partes para aquellos que lleguen con propuestas interesantes.

De ninguna manera te estoy diciendo que esto sea sencillo ni rápido. Por el contrario, requiere de una paciencia espartana, pero al final es valioso.

Y aquí tienes un ejemplo.

Mi amiga Yvonne, una cubana de origen libanés, era una exitosa profesional de la venta de propiedades, una agente de *real estate* en Miami. Sin embargo, la crisis del mercado a partir del 2008 hizo mermar sus ingresos al grado de llegar a no tener clientes y tener que mantener a su familia. La culpa fue de los que abusaron de los bancos y provocaron la debacle financiera y también de los bancos que, luego de aprovecharse de los clientes, simplemente decidieron no dar más créditos.

Lejos lamentarse más de dos semanas (las mismas dos semanas que yo utilizo en esos casos de duelo laboral), Yvonne se puso a hacer el inventario de sus habilidades. ¿En qué era un genio? En comprar cosas y revenderlas. Busca los mejores precios en los lugares más inimaginables. Se mete en Internet todo el día para encontrar más y mejores oportunidades. ¿Resultado? Un día me vino con una noticia.

—Acabo de abrir una tienda virtual en eBay. Compré unos bolsos de mujer baratísimos y los he vendido todos en menos de un día. Creo que ese será mi futuro. ¿No hay clientes para comprar o rentar casas? Está bien, ¡me volveré comerciante!

Colofón de la historia: en menos de tres años, Yvonne abrió cinco tiendas que le producen un ingreso de unos ¡diez mil dólares al mes!

Eso sí, no es fácil. Se la pasa manejando grandes distancias tras el mejor precio para ofrecer a sus clientes y para ella. Tiene un excelente servicio al cliente y en las tiendas virtuales le tienen al cien por ciento en el área de las recomendaciones. Trabaja doce, quince horas al día. Ella misma compra, empaca sus mercancías y las lleva al correo para que puntual y rápidamente lleguen a los clientes, que se le han centuplicado.

¿Tú ves que sólo es cuestión de hacer el inventario de tus habilidades y de reconocer que tú eres el mejor producto a la venta?

PARA TENER EN CUENTA

~ *Tú eres el mejor producto.*

~ *Haz un inventario de lo que mejor sabes hacer.*

~ *No llegues buscando un trabajo; llega ofreciendo algo nuevo y útil.*

~ *Diversifícate. Ofrece varios productos que tengan tu nombre.*

6

Nunca digas ¡no puedoooo!

Si alguien me preguntara cuál es la medalla más grande que me he ganado, no dudaría en responder que fue algo que sucedió en el primer año de mi retorno, luego de meses de haber estado trabajando como empleada temporal, es decir como *freelancer*. Mi jefe Daniel Coronell me había llamado para verlo en su oficina en la redacción del noticiero:

—¿Sabes que eres mi principiante más apasionada? Por eso es que te vamos a contratar en forma permanente como empleada.

No pude contener el llanto.

Coronell no me conocía más que por referencias cuando —como decimos en México—"se la jugó" arriesgándose en primera instancia a devolverme la dignidad al contratar a una reportera de cincuenta y nueve años de edad. Eso jamás podré dejar de agradecérselo.

Te cuento esta anécdota para demostrarte lo que la reinvención también significa: que la frase "NO PUEDO" simplemente tiene que ser borrada de tu vocabulario profesional y que hay varios "no puedo" que, lejos de ayudarte, van a ser como un ancla que te va dejar varada sin llegar a ninguna parte.

Cuando en el 2005 me fui de Univision, todavía no se habían implementado las calificaciones a los empleados. Al regresar en el 2011, me encontré con la sorpresa de que los jefes inmediatos realizaban rigurosamente cada año la evaluación de los empleados bajo su mando. Marilyn Strauss, con quien trabajé durante años —ella como productora y yo como corresponsal—, había sido nombrada gerente de información nacional y, por lo tanto, era mi supervisora directa y de quien dependía esas calificaciones.

Emocionada el día que debía entregármelas, me llamó a su oficina. ¡Grande fue mi sorpresa el ver aquel documento! Me había dado las notas más altas de recomendación. La abracé con ganas al tiempo que me decía:

—Gracias por nunca decirme que no puedes hacer un repotaje o que no puedes salir de viaje. Todo eso te lo has ganado.

Otra clave para que tu reinvención funcione a la perfección depende de no negarte a nada. Ahora, si quieres negarte, podrías hacerlo únicamente si tienes un millón de dólares en el banco y si no necesitas empleo alguno.

De otra forma estás irremediablemente condenado o condenada al fracaso.

Pero hay otros "Nooo" que no puedes pronunciar.

La ceguera laboral

Me da rabia escuchar a quienes, en el colmo de la mala actitud, cuando les reclaman algo malo de su trabajo o les piden que mejoren, responden: "Lo hago lo mejor que puedo y no puedo más".

Al escucharlos me digo para mis adentros: "¡Qué bárbaros!".

Son personajes que en realidad son ciegos laborales y con sus contestaciones sólo ponen en evidencia que creen que lo que tienen les va a ser eterno.

—Por lo general —me dice una experta en Recursos Humanos— quienes tienen esa mala actitud son personas que irónicamente se sienten seguros. Llevan muchos años trabajando en la misma compañía y por lo tanto se sienten protegidos. Están dentro de una zona de confort que les ha impedido ver también una realidad de doble filo. Está bien, podrán llevar años en el mismo trabajo, pero últimamente la tendencia para los despidos es clara: que tengas muchos años en un sitio, no te garantiza el empleo, sino más bien que, en un recorte de personal para ahorrar gasto, sean de los primeros a quienes retiren por muchas razones: por el tiempo transcurrido, ganan los mejores sueldos y tienen más vacaciones. Y lo más definitivo: que con el salario que se les paga, en promedio se pueden tener tres nuevos empleados.

La experta explica más:

—Lo triste es que están poniendo en peligro un buen

trabajo y que cambiar de actitud sería lo más fácil ante la desgracia de eventualmente quedar desempleado. Es entonces cuando las cosas se complican.

Nunca tomes nada por concedido

Para los productores del *Noticiero Univision* por momentos me convierto en un dolor de cabeza: de esos que son constantes y por lo tanto molestan, pero es a causa del mismo trabajo. Resulta que a mi reportaje, ya sea que me lo han encargado para ese día o yo propongo para su aprobación una vez terminada, empiezo a venderlo a todos y cada uno de los integrantes del consejo de redacción que tienen voz y voto para que sea puesto al aire.

Y no me quedo de brazos cruzados. Si sale en el noticiero de Jorge y María Elena, también voy y hago mi cabildeo para convencer a los productores de ponerlo nuevamente en el de Ilia Calderón y Enrique Acevedo. Y hago lo mismo con Félix de Bedout y con Lourdes Ramos en las ediciones del fin de semana.

No me canso de repetir: quizá mis reportajes no sean grandiosos —por supuesto que para mí lo son— pero de que los vendo para que me los compren, ¡eso que ni qué!

Es decir. Nunca he creído que por tener años haciendo el mismo trabajo he ganado algo.

Nunca tomes nada por concedido.

¿El resultado? Salen al aire y benefician a nuestro auditorio.

Eso funciona. No importa en qué giro te desenvuelvas, los jefes y la operación de los negocios es lo mismo: todo es una labor de equipo.

Imagina si te sucediera...

No hay mejor ejercicio para poner los pies en la tierra que imaginar lo que harías en situaciones hipotéticas. Si das excusas en el trabajo para no hacer tal o cual cosa, gastas el tiempo en tonterías, te dedicas a cosas ajenas a tu empleo con el riesgo de que tus jefes se enteren, entonces te recomiendo que pienses en lo que sería tu vida si en ese momento estuvieras desempleado, no tuvieras el dinero que ganas en ese trabajo para pagar tus deudas o para mantener a tu familia.

No creas que son cosas irreales. Te pueden suceder; nos han sucedido a todos. Eso será lo que te mantenga en la realidad.

Ofrécete antes de que lo hagan demás

Una de las cosas que más agradecen jefes y supervisores es un empleado que siempre se adelante a lo que se necesite. Mira, en mi trabajo, donde las cosas son más predecibles, cada vez que hay una tragedia, que viene una cobertura grande, inevitablemente mi supervisora María Henao recibe mi llamada:

—Estoy disponible para partir a la hora que sea. Cuenta conmigo.

Lo mismo sucede con trabajar los días festivos, cuando todos piden el tiempo libre y los jefes se ven en apuros porque les falta personal.

Hazte conocer cómo la persona que se ofrece para todo lo que se requiera para que la empresa marche mejor. ¿Sabes qué? Al final del día, eso te va a asegurar que en tu nueva etapa, sin importar los años que tengas, tú seas considerado un empleado necesario, y el trabajo no te va a faltar.

Te vas a acordar de mí.

PARA TENER EN CUENTA

~ *Reinventarte significa estar decidido a nunca decir "NO PUEDO".*

~ *No tomes las cosas como concedidas. No importa qué tan importante seas.*

~ *Ofrécete como voluntario para los proyectos antes de que los hagan los demás.*

~ *No seas ciego laboral. No creas tener asegurado tu empleo por los años que llevas en él.*

7

Nunca hagas algo que te
impida regresar

La llamada de Emilio Estefan aquel día de julio de 2005 fue como todas las de él: un bálsamo de esperanza. Sabe cuando llamar a sus amigos que están en necesidad y cómo reconfortarlos en esos momentos, pero hay algo más: da el consejo de oro que se convierte en máxima.

Aquel día no fue la excepción: me llamó justo cuando supo —a través de su amiga, la publirrelacionista Blanca Tellería— que me había marchado de Univision.

—Intentar nuevas cosas nunca ha sido malo, pero recuerda esto que sí puede ser muy malo: Nunca hagas en ninguna parte algo que te impida regresar. Nunca sabes qué puede suceder. Si los que eran tus jefes no entienden las razones por las que partes, eso es normal, pero lo que nunca será bueno para nadie es hablar mal de lo que dejas atrás. No lo has hecho nunca y no lo hagas jamás. Recuerda: no hagas nada que te impida regresar, porque nunca sabes qué puede pasar más adelante.

Emilio fue profético por partida doble, porque fue la mano amiga de mi reinvención. Fue profético también en 2005, porque si alguien me hubiera dicho que yo iba a regresar a Univision tiempo después, yo hubiera pensado que esa persona estaba loca y de remate.

Cuando digo que es por partida doble es porque Emilio Estefan fue precisamente mi salvador. En medio de la situación más imposible para mi retorno, ya que él mismo había pedido a la anterior administración que me volvieran a contratar y con todas las palabras le dijeron que no, al saber del cambio de mandos, lo intentó nuevamente sin consultarme, tal y como lo hacen la gente de corazón noble y los amigos verdaderos. Habló con César Conde, entonces recién nombrado presidente de Univision y le puso mi nombre en alto.

—César se portó muy bien —me dijo—, muy receptivo. Es un hombre generoso que me escuchó, aunque me dijo de antemano que la decisión no era de él, sino del presidente y del vicepresidente de Noticias, que él respeta el trabajo de cada quien y que no interviene, pero que les hablaría de tu caso para ver si ellos considerarían unirte a su equipo.

Pocos días después, otra llamada de Emilio me informó de algo que acababa de suceder. Alguien le había dicho —dolosamente— a mi futuro empleador que yo hice "cosas malas" a la compañía al marcharme en el 2005 y quería saber si era cierto.

—Les dije —me contó Emilio—, que cuando una persona se va de un sitio puede que diga algo, porque hay muchos sentimientos involucrados, pero que no creía en lo mínimo que tú lo hubieras hecho.

Emilio, quien sólo quería mi versión, al confirmar que eso nunca había ocurrido, respiró aliviado.

A lo largo de muchos años, él y su esposa Gloria han sido un apoyo inmenso. En muchas ocasiones me llegaban algunas propuestas para escribir guiones de libros, para dar algún entrenamiento sobre los medios de comunicación a algunos artistas a quienes les producen un disco. Estaban preocupados de que pasara el tiempo y yo seguiría sin trabajo en la televisión.

¿Por qué te cuento esto? Porque es la verdadera moraleja de la historia. Si haces algo llevado por la rabia de un despido, quizás eso te impida volver en el futuro.

Muy pocos días después, César Conde, cambiando totalmente las reglas que existieron en la antigua Univision, levantó aquel castigo no escrito que prohibía volver a contratar a empleados que se habían ido a otra cadena de televisión. Y regresamos muchos.

Aquello inauguró otra etapa increíble en la cual si un empleado no se había marchado dañando a la empresa, sin mentir en sus intenciones de partir, y si tenía capacidad y existía un sitio para él, no había barreras que impidieran el regreso.

Eso permitió que Isaac Lee y Daniel Coronell pudieran tomar la decisión que cambió mi vida personal y laboral, aunque para Isaac Lee, el presidente de Noticias de la cadena, las cosas no fueron sencillas por la reticencia que tuvo que vencer entre quienes le decían que yo había sido hasta despedida de ahí... una total calumnia.

Aunque justo como es, su decisión prevaleció en todo momento seguro de que lo que le decían no había sido cierto.

¿Tú ves? Nunca hice nada que me impidiera regresar a mi amada casa.

Y hasta el día de hoy, tres años después, cuando camino por ese pasillo donde siempre al final, sobre la pared azul marina se encuentra reluciente el escudo, me parece un sueño saber que he regresado. Es un sentimiento reconfortante que me hace sentir una gran responsabilidad de cumplir y me hace sentir orgullosa de nunca haber cometido nada que me impidiera nuevamente estar ahí.

Pero hay otras reglas de oro.

Nunca, nunca hables mal de un ex jefe o de un empleo que dejaste

Parte de liberarse del rencor (y de evitar ser desempleado en el futuro) es no convertirte en un "problema ambulante". Más claro, nadie quiere contratar a gente frustrada que habla mal de su pasado laboral.

Fíjate bien y entiende lo que te digo. Nunca cierres una puerta.

Por más mal que te haya ido con un jefe, nunca sabes cuándo podrás volver a encontrarte con él en otra parte, por lo que nunca dejes un empleo por las malas.

No hablar mal de jefes, de compañeros, de la compañía para la que trabajaste es la clave. Conozco de los días de pesadilla que han vivido ex compañeros míos que hablaron cosas pavorosas de sus ex jefes... sólo para volverse a topar con ellos, que llegaron nuevamente a ser sus jefes en otra etapa de sus vidas.

Es mejor evitar abrir la boca, que luego intentar un perdón tardío, cuando poco puede hacerse por borrar palabras dichas en momentos de frustración y rencor.

Mírate en mi espejo: de mi boca jamás salieron insultos. Este es un mundo pequeño y más pronto de lo que piensas, podrías encontrarte con quienes ofendiste.

Tú escoges como irte: con clase o sin ella

Si te estás marchando de un empleo, no hagas nada que no sea políticamente correcto. Te cuento ejemplos de los que fui testigo. Conozco a un ex compañero al que no le permitieron utilizar el correo electrónico de la compañía momentos después de que la oficina de Recursos Humanos le informó que estaba despedido. ¿Qué hizo? Tomó el teléfono y con la bocina abierta a todo el edificio informó a quien quiso escucharlo que lo acababan de botar del empleo. Muchos rieron de la atrevida ocurrencia; otros más, una gran mayoría, lo criticaron y otros —muy pocos— sintieron pena por él.

La publirrelacionista Blanca Tellería tiene un ejemplo que siempre recuerdo y que también es otra regla de oro:

—Generalmente los compañeros que en realidad no te quieren son los que siempre te van a dar consejos locos o los que festejan cualquier tontería que uno haga en un empleo que pueda tener consecuencias. Lo hacen porque están cargados de sus propias frustraciones que no son capaces de realizar por lo que inducen a los demás que tienen poco sentido común o no toman en serio el empleo. Te dicen: "Haz esto, di lo otro". En fin, lo triste es que al final del día el que sigue los consejos locos finalmente llega a pagar el precio con el desempleo, mientras que los instigadores continúan recibiendo su cheque en el mismo sitio. Es el caso de los que usan los correos oficiales para ofender a los jefes que los botaron y se convierten en pasto de los chismes y no ven más allá de ese momento de rabia sin pensar que se pueden arrepentir más adelante en la vida profesional.

No te lleves nada que no te pertenece

La rabia de un despido produce un cúmulo de sentimientos extraños: hay quienes deciden en venganza llevarse cosas que son vitales para el funcionamiento de la oficina: agendas, contactos, información que servirá para quien llegue.

Tal y como dictan las buenas costumbres, sé honesto. Antes de que te lo pidan, sé tú el primero en devolver las propiedades de la empresa en tu poder: tus identificaciones, la tarjeta de crédito para pagar gastos, la computadora portátil que te dieron, todo el equipo electrónico para tu trabajo y deja además cerradas las cuentas pendientes. Esto no sólo puede volver a darte empleo ahí. En el peor de los casos, si no puedan contratarte nuevamente, al margen de una muy buena impresión que te mostrará tal y como eres, te asegurará una excelente carta de recomendación de tu ex empleador. Recuerda que las buenas referencias dependen de tu comportamiento en esos momentos difíciles.

Cuidado con lo que publiques en Internet

¡Ayyyy y más ayyyy! En medio del dolor, el rechazo y la frustración de un despido, burlarse o insultar a los patrones a través de las llamadas "redes sociales" son el caldo de cultivo para chismes y el desempleo. Recuerda que lo que está en Internet ahí se queda y que los empleadores ahora buscan lo malo de un empleado potencial en el talón de Aquiles de quienes utilizan esos medios para contar lo que ha sucedido y atacar a quienes los despidieron. No lo hagas nunca. Nunca. Eso es como si al despedirte, te hubieras puesto a ofender a tus patrones cara a cara. No va a faltar quien les lleve el chisme y por supuesto que eso va a jugar en tu contra en ese sitio o en cualquier otro al que apliques.

Por estas y muchas otras razones es que, cuando con tristeza inmensa un amigo me dice que ha perdido el empleo, no dudo en darle el mejor de los consejos: "Nunca hagas nada que te impida regresar".

Vanessa Rico, quien fue mi asistente por muchos años me enseñó algo más:

—Finalmente lo que hagas o digas dictará tu empleo a futuro: eres tú y sólo tú quien decide poner punto final a un chisme; por tanto, como te recuerden sólo dependerá de ti y de nadie más.

⁓ PARA TENER EN CUENTA ⁓

~ *Tú decides como irte: con clase o sin ella.*

~ *Al quedar desempleado, nunca hagas nada que te impida volver a ser contratado.*

~ *Nunca hables mal de un jefe o de una compañía a donde hayas trabajado por muy mal que hayan sido las cosas. Puede jugar en tu contra.*

~ No utilices las redes sociales para burlarte, ofender o atacar a tu empleo. Lo que pongas en Internet ahí se queda.

~ Nunca te lleves nada que sea propiedad de la empresa. Devuelve todo lo que has utilizado antes de que te lo pidan.

~ Recuerda que sólo tú puedes poner punto final a un chisme y que tú decides como hacerlo.

8

Insiste, insiste... pero por favor
¡prepárate!

Juanita Castro, la hermana de los gobernantes de Cuba Fidel y Raúl Castro, es mi hada madrina. Es parte importantísima de mi vida diaria porque siempre me brinda consejos y ofrece su mano cuando necesito ayuda. Tengo el privilegio de compartir su mesa cada vez que me encuentro en Miami. Ella y su entorno son la única familia cercana que he tenido a través de los años; también me he convertido en parte de la suya.

A ella le cuento las cosas importantes y ha sido testigo de lo que hoy son anécdotas, pero que en su momento fueron tragos diarios y muy amargos.

La recuerdo el día que le conté algo de lo que me acababa de enterar:

—Fíjese, Juanita, que una persona a la que le propusieron que me contratara como *freelancer* en la beatificación de Juan Pablo II dijo que yo estaba muerta, que era historia, que no le volvieran a mencionar mi nombre.

Sé que le dolió tanto como a mí.

—No insistas, chica —me dijo preocupada—. Ya no le insistas más a esa gente que no te va a dar nunca la oportunidad de regresar y únicamente te lastimas al saber su respuesta. Allá ellos. La verdad es que no sé por qué lo hacen, si por odio o por qué. Total, te fuiste a trabajar en otra cosa que no tenía nada que ver con noticias. Eso no pasa en la televisión americana, no sé por qué no aprenden eso en la televisión en español.

Lo cierto es que por un tiempo le hice caso y olvidé el tema, pero después lo volvía a intentar porque irremediablemente no me doy por vencida y siempre creo que las cosas van a mejorar. Así me daba un tiempo y después, nuevamente con la ayuda de otras amigas, volvía a la carga... únicamente para recibir más negativas. En ocasiones estas fueron mucho peores, como la de una ejecutiva de noticias de una afiliada de televisión, que literalmente le tiró el teléfono a mi agente.

—Ella no va a trabajar nunca más aquí ¡Ya no insistas! El puesto no es para ella.

Volvía yo donde Juanita y por supuesto que en nuestras pláticas de lo que había sucedido ese día no podía faltar:

—¿Adivina qué? Otra historia de rechazo ante mi insistencia.

—Chica, deja eso ya. No insistas más.

Déjame aclararte que una cosa es insistir sin base que apoye la petición y otra no quedarme de brazos cruzados. Así, en enero de 2009, Juanita Castro, siempre generosa a pesar de la coraza con la que intenta cubrirse de quienes le intentan hacer daño, me dio una noticia:

—Y, ¿no crees que ya podrías ponerte a trabajar en mis memorias ahora que tienes tiempo de sobra?

¡Aquello fue otro milagro moderno que me llegaba, esta vez a través de ella!

Durante diez años había guardado celosamente las memorias de Juanita que escribí originalmente en 1999.

Durante nueve meses me dediqué a grabar, transcribir y escribir aquella primera versión. ¿Qué sucedió? Que cuando se la entregué, la catarsis de volcar sus recuerdos en un libro fue tan grande que simplemente decidió no publicarlas.

—Como periodista —le dije—, es un golpe, pero como amiga lo entiendo. De cualquier manera, es tu biografía, no la mía. Así que cuenta con mi total discreción".

Juanita decidió que únicamente habría dos manuscritos: el de ella y el mío, que estuvo guardado en un sitio especial entre mis documentos personales, de manera que cuando necesitaba de estos, de pasada lo veía, lo hojeaba y lo volvía a guardar como si fuera un hijo secreto.

Oficialmente mi primer libro fue *Dietas y recetas de María Antonieta*, publicado en 2001, y le siguieron otros seis más, menos el de Juanita, que en verdad nunca pensé que se llegaría a convertir en realidad. Pero al haberlo guardado por tiempo indefinido le pude probar mi lealtad, ya que solamente unos muy pocos allegados a ella y unos cuantos amigos míos sabían que existía.

Pero con la misma gran clase con la que ella maneja su vida personal, un día de febrero de 2009 comenzamos a trabajar sin descanso para publicarlas.

Lo hizo para ayudarme a volver a destacar como reportera en un sitio donde pudiera sobresalir, algo que siempre le voy a agradecer.

Y sin descanso trabajé literalmente día y noche en su libro, hasta que en octubre de ese año y rodeadas de una gran expectativa, sus memorias fueron publicadas causando titulares en todo el mundo.

Un mes antes, con la aprobación de Juanita, Raúl Matéu, convertido en agente de ambas ofreció organizar algo que se me había ocurrido: una serie de cinco días de reportajes de televisión con fotos y entrevistas exclusivas de Juanita y de quienes habían colaborado junto a ella en Cuba para la CIA, testimonios irrepetibles y, por supuesto —gracias a Juanita hechos por mí— otro reportaje en dos partes donde ella recorría la Ciudad de México, la historia que le había tocado vivir luego de que decidió marcharse de Cuba y que tuvo como escenario también la frontera de ese país con los Estados Unidos en Laredo, Texas, a donde también iría. Ninguno de los proyectos podría conseguirse con otra persona. Juanita fue más que clara y terminante en decir que sólo hablaría conmigo.

Matéu nos vino con la gran noticia:

—Canal 23 de Miami, y el programa *Aquí y Ahora* de Univision compraron los dos proyectos. Esto significa que existe la oportunidad de que regreses, o por lo menos que estén dispuestos a hablar contigo.

Nos equivocamos. Luego de un mes trabajando en los reportajes y luego de que estos salieran al aire con éxito, por conductos respetables, llegó el mensaje:

—No va a regresar. Esto fue porque se trataba de algo especial que nos interesaba y donde ella participaba. Si no lo hubiéramos comprado, otro lo hubiera comprado; decidimos comprarlo nosotros, pero sin que eso signifique absolutamente ninguna esperanza de regresar aquí a trabajar.

Nuevamente en esa montaña rusa de emociones, entre la desesperanza y la esperanza que se renueva.

Así tuvieron que pasar casi dos años más sin ninguna oportunidad.

Colofón de la historia:

La tarde del 27 de enero de 2011 corrí a casa de Juanita como nunca lo había hecho.

¡Tenía que darle personalmente la noticia de que la nueva gerencia de Univision me había llamado para lo que podría ser mi retorno o por lo menos una posibilidad más real de que este ocurriera y que tendría que viajar al día siguiente a la frontera con México!

—¡NO puedo creerlo! —me dijo emocionada—. ¡Mira que yo nunca pensé que esto iba a suceder! ¡Finalmente esa insistencia tuya triunfó!

Fue generosa al darme todo el crédito en algo en que ella misma tuvo mucho que ver.

¿Entiendes lo que te quiero mostrar en este capítulo? Que la moraleja regresa al mismo punto de partida de la reinvención.

Insiste, sí, pero sustenta con acciones esa petición.

Si tienes un buen producto que ofrecer, hasta los que no te quieren tendrán que aceptarte.

Lo demás lo decide el tiempo...

PARA TENER EN CUENTA

~ *Insiste, insiste, pero prepárate.*
~ *Utiliza la creatividad para proyectos especiales.*
~ *Si ofreces un muy buen producto, hasta quienes no te quieren terminaran aceptándote.*

9

Que no te vendan falsas promesas

Cada cosa que te cuento en este libro la he vivido, aunque
parezca inverosímil. Me sucedieron todas y cada una de las
cosas por las que pasa alguien que anda en busca de trabajo
y no lo encuentra. La productora de segmentos en televisión
Laura García me llamó emocionada en un día de 2008,
cuando yo desconocía muchos oscuros secretos de estar sin
trabajo.

—Me acaba de hablar un personaje importante que necesita que ya, para hoy mismo, no para mañana ni pasado, le
envíes una síntesis de tu libro, pero en inglés y un capítulo
del mismo porque está proponiendo un programa en base a
eso. Por favor, yo sé que está escrito en español, pero, mira,
es una gran oportunidad.

"¡Por supuesto que lo era!", pensé, y de inmediato me
puse a buscar a un traductor. Cuando se tiene la esperanza
no hay nada que te detenga. Así que, sin pensar, me puse a
invertir en quien hiciera, en cuestión de horas, las dos

traducciones, que ni decir, resultó carísimo. Pero nada importaba si había un posible empleo.

Por la tarde Laura misma dejó de hacer un trabajo importante que tenía sólo para llevar personalmente lo que aquel personaje nos había pedido con tanta urgencia.

—No estaba en su oficina, pero se lo dejé listo. Cumplimos y ya verás que en cuanto lo presente seguro nos llama para decir que nos va a dar un espacio. Sólo es cuestión de esperar.

Pasó toda una semana y del personaje ni sus luces. Pedí a Laura que le diera unos días, una semana más —seguramente aún no tenía una respuesta porque así son estas cosas— y que después le llamara.

Le dimos tres semanas, en esta última ya con un mal sabor en la boca, porque ni siquiera le había respondido a las llamadas de Laura, quien finalmente se topó con la persona en un evento en donde nunca imaginó que mi productora estaría.

—¿Sabes qué me dijo? —me informó—. ¡Absolutamente nada! Entonces me acerqué a preguntarle y oye la respuesta: "Ah, no pasó nada. No me aprobaron el proyecto. Así que discúlpame por no habértelo dicho antes".

Lo más curioso es que el particular personaje era de lo más agradable con quienes no estaban en mi circunstancia.

La decepción fue por partida doble, no sólo porque ni siquiera escuché los motivos por los cuales no habían aceptado mi trabajo (en otro capítulo te hablo del rechazo), sino también porque no había tenido la amabilidad de comunicarnos lo que pasaba, más aún cuando él nos pidió las traducciones y me hizo gastar en algo que ni siquiera le valió una llamada telefónica. ¡El colmo del despotismo!

¿Cuál es la lección que hay que aprender? ¡Que hay que tener cuidado con los que venden falsas promesas!

Pero ese personaje es como todos los que tienen en un momento de sus vidas el poder en la mano y piensan lo mismo de quienes están desempleados: que tienen que aguantar sus desplantes y malacrianzas... además, su falta de memoria.

Él que no siembra no cosecha

Pasaron los meses e increíblemente volvió a hacerme otras propuestas. Sólo que esta vez ya estaba preparada porque conocía a los seres humanos que se aprovechan de la debilidad de los demás.

Un día supe que había perdido aquel trabajo tan importante y luego un par de trabajos más.

No me alegro, sin embargo, al no sembrar buenas cosas cuando pudo hacerlo, no creo que fuesen muchos los que pudieran ayudarle en su etapa de desempleo, pero hay que sembrar para cosechar.

A cada quien. Sólo quiero advertirte que estos personajes existen, vienen en todos olores y colores.

Al final, se trata de sacar la mejor tajada, abusando de la esperanza.

Los que cobran

A menos de que se trate de un agente de representación, mucho cuidado con quienes te piden que trabajes a cambio de conseguirte empleo en una compañía que se está formando y buscando clientes y, por lo tanto, en ese momento no pueden dar contratos. La queja más frecuente de muchos que han sido estafados de esa forma es que al final terminan haciéndolo gratis. ¿Cuál es esta variante? Que prometen pagar cuando se termine el proyecto. Pasan los días y, cuando piden su dinero, la respuesta es "no nos han pagado porque es un proyecto que aún no produce dividendos".

Los que prometen mucho

Hubo otro persona que se atrevió a llamar a mi agente y hacerle una propuesta millonaria. Leíste bien: propuesta millonaria. Se trataba de filmar infomerciales de ollas de cocinar y de kits de vitaminas que supuestamente yo vendería como "pan caliente". Estos serían infomerciales hechos como si fueran programas de televisión. Lo novedoso sería que quien recomendaría todo esto no sería una artista, sino una periodista.

—Yo sé que con esto tendrás que dejar tu oficio, pero créeme que la remuneración económica será lo suficiente para que no quieras volver a trabajar en nada más. Vas a revolucionar el mundo de los comerciales televisados en español.

No podía yo poner en duda la veracidad del personaje en cuestión porque tenía un nombre conocido en el mundo de los artistas gruperos, ya que había representado a unos muuuuy famosos, lo que le daba confianza al entablar negociaciones.

"El burro no era arisco, lo hicieron así los golpes", reza el refrán, y algo me decía que las cosas parecían demasiado buenas para ser ciertas, incluido el viaje a Los Ángeles, en donde me dio a conocer las maravillas de su propuesta.

¿Vamos a ganar millones? ¡Me encanta la idea! Le dije a Raúl Matéu, entonces, que pongan un millón de garantía a mi nombre en el banco. Un millón para la cantidad que dice que vamos a tener, en realidad no es mucho. Le pareció bien la propuesta y fue a comunicársela a este hombre, quien sin dudarlo un segundo le dijo que nos tendría todo listo en una semana en Miami e incluso puso la hora y fecha para cerrar el trato y firmar los contratos. Por supuesto, aclaró, yo tendría que renunciar a otras cosas y sólo dedicarme a las cazuelas y las vitaminas.

Todos estuvimos de acuerdo y nada más.

Llegó el día y este hombre envió de avanzada a la reunión a una conocida persona relacionada con los medios.

—El señor fulanito está un poco demorado porque se encuentra ultimando los detalles y nos alcanza aquí en media hora.

Estábamos a la espera los tres en la mesa del salón ejecutivo de la oficina de Matéu.

Para hacer el cuento corto, pasó hora y media y del rastro del hombre, absolutamente nada.

Antes de esto, su enviada le llamó por teléfono y nada más cerrar la conversación pude adivinarlo todo:

—Es el señor fulano. Dice que lo disculpen, pero que no hay trato. No tiene el millón de dólares.

No había que ser adivino para intuir que se trataba de un temerario de las falsas promesas. De más está decir que fue un disgusto haber perdido el tiempo, pero de habernos embarcado en aquella aventura pudo haber tenido consecuencias funestas.

Al descubierto quedan personajes similares para los que hacer estas cosas es parte de su "modus operandi".

Hasta el día de hoy no sé lo que ganan con hacer esas cosas, porque en realidad pueden causar mucho daño, pero lo cierto es que existen por todas partes.

Lo único bueno es que, observándolos, puedes escuchar las campanadas de alerta que emiten a su paso. Y como dice el refrán, sólo es cuestión de escucharlas: "Dios toca lo suficientemente fuerte a tu puerta para que lo oigas".

Así que, después de esta advertencia, no puedes decir que nadie te lo dijo.

Ah, y del personaje que me propuso el negocio de las ollas y vitaminas, nunca, nunca más volvió a marcar ni mi teléfono, ni el de mi agente, ni envió un correo que justificara lo que había hecho. Esto demuestra que el negocio no era tal, de otra forma jamás se hubieran cerrado las puertas. Se dicen "no puedo hacerlo por tal y tal razón", se da uno la mano y para adelante, porque nada se ha perdido. De otra forma, son malas acciones que reciben otros nombres que no se pueden escribir aquí.

～ PARA TENER EN CUENTA ～

~ *Debes cuidarte de las falsas promesas.*
~ *No inviertas dinero que no tienes a menos que el proyecto sea viable.*
~ *No pagues a quien sólo te prometa algo.*

10

¡Pierde el miedo a la crisis laboral!

¿Te has dado cuenta de algo que es muy importante? Que lo que hace unos años era un estigma de la sociedad, ¡ahora ya no lo es porque le ha pasado a casi todo el mundo!

Me explico mejor.

El primer ejemplo es que quienes trabajaban como independientes eran mal vistos. ¿*Freelancer*? Uy.

También, antes, cuando alguien sabía que a fulano o mengana lo habían despedido, de inmediato comenzaban los rumores malsanos: ¿Qué habrá hecho para que lo botaran? Mmmmm...

Y ¿qué decir de quien se declaraba en bancarrota? Era algo, uyyyy, que lo marcaba como persona irresponsable de sus decisiones financieras y laboralmente eso era algo que le restaba posibilidades de empleo.

O, ¿qué tal cuando alguien no podía pagar la hipoteca y el banco le quitaba la casa en *foreclosure* y que la había tenido que devolver al banco, con el consiguiente daño a su crédito?

Y había algo más: ¿Qué sucedía cuando una persona tenía un pésimo historia de crédito? ¡Eso equivalía a la peste financiera! Le era poco menos que imposible vivir en una sociedad como la que tuvimos hasta 2008, donde la regla máxima era: vales de acuerdo a tu crédito.

Nadie utilizaba las tarjetas de débito, que difícilmente existían... ¿Para qué? Todos tenían una de crédito que les hacía, de acuerdo al color —doradas, plateadas y negras— mostrar el estatus de triunfador en un mundo donde el poder radicaba en su firma.

Eso ya no es así.

Todos conocemos a alguien que se ha declarado en bancarrota para poder salir de la crisis, sabemos de amigos y compañeros que han tenido que abandonar casas y de los cientos que fueron despedidos de los empleos porque estos tuvieron que cerrar, lo que finalmente y luego de muchas historias dolorosas y hasta de tragedias, ha desembocado en ¡perder el miedo a la crisis económica y laboral!

Es tiempo de aprender a trabajar por tu cuenta

Si he comenzado contándote cómo las cosas que antes eran mal vistas ahora no lo son es porque hay algo más que va a jugar a tu favor: esto es que antes un trabajador independiente

—*freelancer* en inglés— era un personaje a quien muchos empleadores veían como alguien inestable, que no quería tener compromisos, o simplemente un fracasado o un desempleado. Luego de estos tiempos de la más severa crisis económica desde la Gran Depresión, donde el desempleo en realidad ha llegado más allá del diez por ciento de la población, te tengo una noticia: los *freelancers* son los empleados más solicitados por las empresas.

El asunto es cómo planeas que en esta nueva etapa de tu vida sin empleo fijo, tú puedas sacar ventaja de esta variante cada día más solicitada.

Busca buenos consejos

No es que de un día para otro decidas que vas a ser un *freelancer*, sino que te asesores de quien ya lo ha hecho para que te pueda dar una idea de lo que es ese mundo. En mi caso, parte del examen de conciencia fue analizar mis miedos ante lo peor que me podría suceder, algo que tú deberás hacer:

¿Que no tengas para pagar la hipoteca mensual de la casa? ¿Que no tengas para comer? ¿Que no puedas pagar tus tarjetas de crédito y lo que debes? ¿Que te de vergüenza decir que eres un *freelancer*? ¿Que se burlen de ti y te consideren menos? Para todo eso hay que hacer una lista.

Al hacer la mía me di cuenta de que las cosas que me daban miedo no tenían fundamento y no eran tan malas o tan imposibles de sobrellevar, incluso en la peor de las instancias.

¿Sabes qué es eso? En otras palabras, enfrentar se a los miedos desde la raíz, lo que te permitirá luchar con mejores armas.

De la productora de televisión Laura García he aprendido muchas cosas para enfrentar los miedos de este tipo. Ella era parte de mi equipo en el programa matutino y sin siquiera imaginarlo, con el paso del tiempo, y al quedar yo desempleada pero formando mi programa de radio, de inmediato supe que ella era la persona indicada para ocupar el puesto de productora que proveyera los invitados para el show. ¿Por qué? Bueno, porque ella es una persona que no tiene miedo al rechazo. Si no le responden una llamada, lo intenta una y mil veces más.

—El miedo —me ha dicho en un sinfín de ocasiones—, es lo que te hace ver todo en forma negativa cuando en realidad hay muchas cosas que uno no debe tomar a nivel personal.

El recuento de lo bueno

Para poder lidiar con el rechazo es necesario tener confianza en uno mismo. Jajaja, qué sencillo suena, pero ¿cómo hacerlo precisamente cuando estamos atravesando una etapa de tanta confusión laboral? ¿Cuándo vamos a entender que somos buenos y que tenemos cosas que ofrecer? Ahhh, con un sencillo ejercicio que sólo requiere de papel y lápiz.

Sencillamente haz una lista de tus habilidades y vas a descubrir que eres muuuucho mejor de lo que piensas. A ver...

¿Eres una persona leal? ¿Responsable? ¿Te guía el sentido común? ¿Sabes hacer cosas que a otros se les dificultan? ¿Entiendes de contratos, de negociaciones, de conciliar partes, de algo que le ahorre dinero a tu empresa? ¿Eres bueno para las computadoras? ¿Manejas las llamadas redes sociales? ¿No tienes miedo a aprender?

Si has respondido afirmativamente a estas preguntas, te tengo buenas noticias. ¡Cada una de esas cosas es algo a tu favor a la hora de ofrecerte como empleado o como trabajador independiente! Con todo eso a bordo de tu barco puedes sentirte seguro de ti mismo.

Aprende a vivir sin el cheque fijo

Finalmente, el miedo más grande: aprender a sobrevivir sin el cheque que automáticamente nos llega cada quince o treinta días. Eso nos proporciona la mayor seguridad.

Me di cuenta de que la vida ni comenzaba ni terminaba ahí, y algo más: que trabajar de manera independiente, por mi cuenta no significaba que nunca más volvería a ver un cheque que pagara mi sueldo. Así de sencillo.

Aprendí muchas cosas; por ejemplo, a saber dosificar el dinero que recibía y, mejor aún, a identificar que si al año eran uno, dos o tres cheques, estos debían distribuirse de manera que el dinero para pagar los compromisos laborales y personales.

Como *freelancer*, es necesario que sepas qué meses ganas más dinero y, sobre todo, cuáles son las actividades que más te remuneran, y entonces enfocarte en ellas para que el dinero que llegue sea mayor.

Aprende que el patrón con el que crecimos de los días de pago fijo, que son dos veces por mes, una vez que eres trabajador independiente se van a convertir quizá en dos o tres o cuatro días de pago por año, pero, que si sabes sacar ventaja de la situación, te vas a encontrar con una gran sorpresa: probablemente vas a ganar más.

Parte de vivir sin el cheque fijo es saber también que, sin beneficios, en algún momento dado y cuando haya dinero de más, no importa si es mucho o poco, entonces deberás invertir en una cuenta de retiro que siempre estará a tu favor y además libre de impuestos.

Aprender a no recibir dinero el día quince y el día treinta también me hizo perder el miedo a otras cosas que son indispensables: ¿qué voy a hacer sin seguro medico?

Sin seguro y con cincuenta y tantos años, me di cuenta de que sí hay opciones y que cuestan bastante, claro, pero que ahí están. Por lo tanto, tu presupuesto debe tener en cuenta que tienes que pagarte ese servicio como si fueras una empresa. La más valiosa de las empresas, porque tiene tu nombre.

¿Cómo lo he podido encaminar? Bueno, hoy, con la ayuda de Jovana Rico, mi mano derecha y mano fuerte cuando de dinero se trata, y de María Brown, mi otra asistente que se encarga de pagos y del balance diario de lo que entra y sale a mi cuenta.

Ambas son a su manera mis "Pepe Grillo" económicas. Es decir, son la voz fuerte de la conciencia del dinero cuando se vive sin un cheque fijo.

En resumen, perder el miedo a no tener un cheque de pago fijo ha requerido de valor y también de no huir de ese miedo y desenmascararlo.

Le sigo teniendo respeto, sí, pero, ¡bienvenido sea, que eso no me va a dejar sin trabajo sino todo lo contrario! Y eso te hará decir: "A mí hasta cuando me va mal, ¡me va muuuuy bien!".

⟞ PARA TENER EN CUENTA ⟝

~ *La crisis económica nos ha enseñado que hay cosas que ya no son un estigma.*

~ *Pierde el miedo a la crisis laboral y lánzate como freelancer si no hay más opción.*

~ *Un empleado independiente o* freelancer *es muy apreciado por las empresas hoy en día.*

~ *Aprende a vivir sin depender del cheque fijo cada quince días.*

~ *El recuento de tus habilidades será la clave de tu nuevo éxito.*

11

Utiliza el ingenio... ¡es gratis!

Quienes me hubieran visto hace un año tomando un examen hubieran pensado que el no tener trabajo en la televisión me había vuelto loca. El examen constaba de dos partes: inglés y ¡matemáticas! ¿Para qué necesitaba pasar esas asignaturas? ¡Nada más y nada menos que para comprar una franquicia famosa de sándwiches!

¿Sándwiches?, dirás tú.

Eso mismo he dicho. Un día me puse a pensar en que los problemas económicos de muchos que se retiran comienzan con el escaso dinero que reciben del Seguro Social —cada vez más amenazado por los políticos— y que quién sabía si aguantarían para cuando yo decidiera retirarme.

Así que me puse a pensar en otra opción que marchara paralela a mi regreso a la televisión: mi propio negocio.

Mi hermano Raymundo siempre me lo ha dicho. Sólo tendrás empleo garantizado si el lugar en donde trabajas lleva tu nombre. Eso te garantizará que por lo menos tengas más seguridad en el empleo; de otra manera siempre serás un empleado que está en la cuerda floja.

Con esto en mente, comencé a examinar posibilidades y una de ellas fue, sin lugar a dudas, ¡poner una tienda de sándwiches!

El asunto es que tener una franquicia no es sólo cuestión de tener la capacidad financiera y el historial de crédito limpio necesario. No, había otro requisito que podría complicarlo todo... ¡el examen de matemáticas!

Y, como si fuera una buena alumna de escuela llegué al examen. El de inglés no me causó mayor problema porque era, en verdad, de comunicación, algo que he hecho en los más de treinta años que tengo viviendo en los EE.UU. Pero lo que vino después fue el acabose.

—Ahora vamos al examen de matemáticas —me dijo la examinadora—. Es una cosa sencilla: son las operaciones básicas que se estudian en la escuela elemental.

El problema más grave es que ¡yo fui pésima estudiante de matemáticas! Los números significaban una pesadilla para mí. Imposibles de pasar a la primera. Las cosas fueron tan difíciles para mí que no sé como alcancé a graduarme.

Pero, volviendo al terrible examen, de pronto mis ojos se abrieron más y más, tratando de entender y, peor aún, resolver, lo que tenía ante mis ojos:

—a+b+c=d ¿Cuánto vale b?

—¿Quééééééé? —pensé aterrada—. ¿Álgebra?

La examinadora malévolamente asintió con la cabeza y

me ordenó seguir respondiendo el cuestionario, que, además, ¡tenía un tiempo máximo para acabarse!

—Disculpe, señora, aquí debe de existir un error y bien grande. Yo no quiero ser académica ni profesora. ¡Lo único que quiero es poner una tienda de sándwiches que ustedes representan! ¿Qué tiene que ver el álgebra con las rebanadas de pavo, la cebolla, el jamón y los panes?

De más está decir que me reprobaron en aquel examen, pero, como siempre, los que me hacen mal son los que me motivan a seguir adelante y, como buena taurina —porque soy del signo de Tauro—, la testarudez y la terquedad son mis atractivos defectos que utilizo para bien y para mal.

Así que, como las reglas de la franquicia dicen que se tiene otra oportunidad para volver a presentar el examen y si este nuevamente no se pasa, entonces hay que esperar un año para volverlo a intentar, como una adolescente ¡tomé clases particulares de matemáticas! Documenté cuidadosamente el hecho y estudié como una desenfrenada para tratar de pasar el examen profesional.

Resultado: aprobé el examen, pude comprar la franquicia y estoy en el complicadísimo proceso de poder abrir mi primer negocio, que incluye un entrenamiento de dos semanas en una ciudad al norte de los Estados Unidos en donde enseñan a los propietarios todos los pasos necesarios para llevar el negocio, desde limpiar los pisos hasta llevar la contabilidad de la caja cada día, ya que es obligación del propietario entrenar a su personal. Para todo esto, la "universidad de los sándwiches", en donde se toma el curso intensivo de dos semanas, requiere clases para servir, preparar y mandar en una tienda real ahí mismo, con los supervisores como jueces, para poder obtener el visto bueno.

¿Qué sé yo de sándwiches? Nada. Pero eso no me va a detener en lo que es un empeño para mi futuro, en el que el ingenio y el pensar diferente pueden provocar que pueda ser una exitosa empresaria que nunca vuelva a depender de otros para el empleo.

Sé lo que es el paso de las hojas del calendario y lo que podría y no podría hacer con los años, así que aquí tienes un ejemplo, para que veas que no sólo te hablo de televisión.

Lo fundamental ha sido seguir los consejos de mi hermano Raymundo, quien es mi Biblia para cuando creo que ya no puedo más: "Nunca olvides que la inteligencia rebasa cualquier situación física".

Para que no te dejes sabotear, por si piensas que no tienes dinero para empezar tu propio negocio, pero tienes otras habilidades, te tengo algo más.

Es la historia de mi amiga Miriam Wong, quien tiene los mejores setenta años que cualquiera pueda poseer: joven, ágil, con más energía que alguien de veinte años.

Miriam fue la manager de la extraordinaria cantante cubana

Albita Rodríguez. Cuando, al cabo de los años, Albita y su grupo se exiliaron en los Estados Unidos, Miriam se dio cuenta de que yo no quería seguir viajando sin tener un sitio fijo donde vivir, entonces partió amigablemente con Albita el camino.

¿Qué hizo quien estaba acostumbrada a mandar, a trabajar con una artista y a cumplir con las exigencias de ese trabajo, especialmente con una jefa tan perfeccionista como Albita? Pues ofreció sus habilidades a un cliente, luego a otro y recibió recomendaciones de aquellos. ¿Era algo relacionado con el medio artístico? La respuesta es ¡no!

Ella y su socia Manuela Rodríguez se dedicaron a la pintura, reparación, mantenimiento y decoración de casas. En inglés serían *handywomen*.

Así, hacen cualquier cosa que se necesite. Pintan con detalle cualquier pared, son limpias, no dejan reguero, cumplen todo lo que prometen. ¿Que se rompió un mueble? A llamar a Miriam. ¿Qué hay que reparar pisos y paredes? A llamar a Miriam.

Además, sus precios son totalmente razonables, de manera que no les falta el trabajo.

Con el tiempo ampliaron sus servicios: por una cantidad mensual ofrecen el mantenimiento de un hogar, de manera que quien las contrata para ello no tiene que preocuparse ni por regar plantas, cambiar bombillos o cualquier otra cosa que se rompa en el hogar.

¿Cómo lo visionó?

Con ingenio —dice Miriam—, y con la necesidad de seguir trabajando para salir adelante.

Si Miriam tiene setenta años y yo tengo sesenta al tiempo de escribir este libro, ¡no me digas que la edad es un obstáculo a la hora de la reinvención! ¿OK?

Finalmente, lo único que he hecho es poner consejos en práctica. Para eso no olvides el de mi hermano Raymundo: "La inteligencia rebasa cualquier situación física".

∼ PARA TENER EN CUENTA ∼

∼ *Si la empresa no lleva tu nombre, tu empleo no está garantizado... y a veces ni con eso.*

∼ *El ingenio es gratis. Vienes dotado de él... ¡utilízalo!*

∼ *No tengas miedo de intentar cualquier cosa que no sea parte de lo que tú ya sabes hacer.*

∼ *Investiga y persevera, que el campo está abierto.*

∼ *La edad no es un obstáculo.*

∼ *La inteligencia rebasa cualquier situación física.*

12

Los diecisiete segundos que te aseguran un empleo

Nunca me habían pedido nada semejante. En toda mi carrera increíblemente jamás lo había necesitado y la petición me sonó tan fuera de toda realidad, como si un marciano se me apareciera y me invitara a ir con él al espacio. Así de extraño.

¿A qué me refiero? ¡Al día que a mi agente le pidieron un *résumé*, es decir, un currículo, una hoja de vida de mi carrera profesional!

"Y, ¿ahora?", me dije preocupada. "¿Cómo hago? ¡Si jamás he tenido necesidad de ese documento!".

Pues nada, manos a la obra, y buscando modelos en Internet, tal y como me recomendaron unas amistades, encontré unos que me agradaron, sin tener noción alguna de que eso es lo peor que puedes hacer.

Copié el modelo de Internet y puse allí toda mi vida laboral, que llenó por lo menos tres o cuatro páginas (no recuerdo cuantas). Había todo tipo de información de mi vida desde la secundaria: premios, ascensos, ciudades, puestos, en fin, lo mismo que tú pondrías (que en realidad no le importa a nadie) y en cuanto estuvo listo lo mandé. Quien me lo había pedido a nada más verlo, me lo envío de regreso a sabiendas que aquella "epístola", por lo larga que era, lejos de servirme me perjudicaría.

Gracias a Dios me hicieron caer en cuenta lo que hubiera sucedido si hubiera dejado un *résumé* tan largo.

Son escasos los que determinan si una persona podría llegar a tener una entrevista para un empleo o no... Y todo depende de ese papel que tú escribes.

Sólo diecisiete segundos

Ponte a contar, uno, dos, tres, hasta diecisiete. Ese es el tiempo que la persona que examina la primera página de cada *résumé* dedica para decidir: "este sí", "este no", "este, ¿qué piensa? ¿Qué va a encontrar empleo aquí? Jajaja". Créeme que de esa forma suceden las cosas y en ese cortísimo lapso, el examinador de *résumés* decide si vale la pena entrevistar a alguien o no.

¿Imaginabas de los diecisiete segundos? ¡Yo no!

Quien explica mejor la situación es una de las más importantes expertas en cómo encontrar empleo en los EE.UU.: Hada María Morales.

"La clave, si me preguntan es una: un *résumé*, hoja de vida, currículo, como quieran llamarlo, pero uno que sea perfecto".

Hada María Morales, autora de por lo menos siete libros dirigidos a los hispanos, entre ellos *Atrévete a alcanzar el éxito* y *Vístete para triunfar*, es muy clara cuando habla de lo que se requiere para encontrar trabajo:

"El mercado es muy dinámico y muchos no logran encontrar empleo por falta de preparación, pero no sólo la universitaria, sino que no comprenden lo que el empleador piensa o quiere de un posible empleado. En realidad se requiere de tres pasos sencillos, tres elementos clave: actitud, apariencia y preparación. Cuando las combinas y las usas sabiamente, lo que se produce es un resultado profesional.

"¿Qué es lo que sucede en el momento en que se revisa un *résumé*? Más o menos la misma situación. La persona no se toma más de los diecisiete segundos para verlo. En esos diecisiete segundos no lo lee a no ser que ese papel que tiene frente posea algo que capture su atención. La vista es la que descarta".

Pensar como empleador...

He visto fracasar a decenas de personas en busca de empleo por otra sencilla razón que también tiene que ver con el *résumé*: se dedican a hablar de ellos mismos, a contar sus vidas, a explicar con detalle quienes son. Eso no es importante para quien les va a dar empleo. Lo importante es pensar como el empleador. Es decir: ¿Para qué sería buena esta persona dentro de la empresa? ¿Cuáles son las habilidades que la hacen superior a los demás candidatos? ¿Qué va a aportar si la contratamos? ¿Qué beneficio traerá?

Eso es lo que más cuenta a la hora de conceder una entrevista de trabajo en base al *résumé*, lo demás son palabras y en muchas ocasiones ridiculeces.

Direcciones de correo electrónico ridículas

Y hablando de cosas ridículas, algo fatal y que Hada María Morales suplica no hacer a quienes buscan trabajo: poner en el *résumé* una dirección de correo electrónico de nombre ridículo.

"No hay nada peor para un aspirante a empleo que insertar en el *résumé* direcciones electrónicas como "suzila@ sabrosa.com", "pepito@elmacho.com" y cosas parecidas y mucho peores. No es broma, es algo que se ve todos los días.

¿Qué sucede? Bueno, sencillo, que las personas que buscan trabajo tienen esos correos para su uso personal y por supuesto que a la hora de poner su contacto, pues simplemente lo proporcionan sin pensar que eso los hace lucir no sólo poco profesionales y faltos de sentido común, sino como sujetos demasiado inmaduros para tener el empleo al que aspiran".

"¿Qué se debe hacer?", pregunto a la experta.

"Antes que todo, si se tiene un correo electrónico que no sea profesional, es decir, que tenga otras cosas diferentes a tu nombre ¡NO ponerlo! Y tener uno únicamente para el propósito del empleo. De otra forma los resultados no van a ser los esperados".

Cuidado con las redes sociales

Otro error fatal que se ve muy a menudo en los *résumés* es incluir referencias de páginas como Facebook o peor aún, insertar fotos que han sido publicadas ahí.

Estoy de acuerdo con Hada María —en realidad un "Hada" para guiar a quienes quieren encontrar empleo— y comparto sus puntos de vista y reflexiones, especialmente porque muchos ignoran la profundidad y el daño que puede causar lo que alguien tenga publicado en Facebook. La mayoría de las fotos, me dice un experto en el campo, son las mismas: en grupo en medio de fiestas, tomando, en actitudes atrevidas, en fin...

¿Te puedes imaginar lo que el encargado de Recursos Humanos de una empresa puede reportar sobre ti si el empleador decide contratarte, pero antes pide que, tal y como le proporcionaste en datos, se revise tu página en las redes sociales?

Si lo has hecho, ve corriendo a borrar las fotos que te muestren loco, fiestero, salvaje e irresponsable con el alcohol. Que esto tampoco es un galardón para conseguir empleo.

⌒ PARA TENER EN CUENTA ⌒

~ *Un résumé se puede descartar por apariencia. Él que lo revisa en primera instancia no lo lee.*

~ Algo debe atraer a quien lo ve, para que lo lea a
  fondo.
~ Debe tener actitud, apariencia y preparación.
~ No debe hablar de la persona sino de cómo puede
  ayudar a la empresa.
~ Debe ser conciso, no una "Biblia".
~ Cuidado con las direcciones de correos electrónicos
  ridículas.
~ Si tu dirección de correo electrónico no tiene tu
  nombre, abre una aunque sea sólo para asuntos de
  trabajo.
~ Cuidado con tus páginas en las redes sociales;
  pueden ser tu verdugo para el empleo.
~ Hada María Morales te ayuda en
  www.hadamariamorales.com

13

Si el rechazo lleva tu nombre

Ayyy, qué cosa más difícil de aprender. ¡Dios mío! Aprender a lidiar con el rechazo a un producto que lleva tu nombre es peor que la penitencia luego de la confesión de un pecado.

Si hay algo que cuesta trabajo conseguir es una coraza dura, muy dura, que te proteja para cuando lo que tanto trabajo te ha costado imaginar, visionar y lograr finalmente reciba una respuesta terrible: "Eso no me gusta".

Es terriblemente malo que no exista un sitio donde se pueda ir a comprar esa armadura contra la predisposición hacia tu persona, que no deja ver más allá a quien tiene el poder de rechazarte.

Al margen de los proyectos de las conferencias, también se me ocurrieron buenas ideas, producto del examen de conciencia de mis habilidades.

Una de ellas: dar cursos de capacitación para reporteros de televisión.

¿Quién mejor que yo que he vivido en este oficio cuando las noticias comenzaron a hacerse, pero con película de cine?

¡Es verdad! No es un chiste.

En 1974, cuando comencé mi carrera, la tecnología era película de cine, ¡que tardaba casi una hora en revelarse! Después de eso, me tocó vivir todos los cambios en la industria: las cámaras de una pulgada, las de tres cuartos de pulgada, las Betacam, el DVC Pro y todos los demás Pros que se han inventado y que nos han hecho ir como de la tierra al universo en distancia. Ni qué decir lo que significaba editar un reportaje en cualquier parte. ¡Toda una odisea con ese equipo que sufría con el frío y con el calor! Uffff, cuántas veces estuvimos al borde de no salir al aire porque los equipos se congelaban o bien se descomponían con la humedad de los climas tropicales.

¡Qué tiempos cuando viajábamos con 400, 600 libras de equipo para ir a la guerra, a la frontera, a la Conchinchina!

Si alguien entonces me hubiera dicho que las cosas serían como lo son hoy, cuando ya no existen ni casetes, ni cintas, sólo tarjetas digitales... y que podríamos editar con una computadora portátil especial desde cualquier parte, ¡hubiera pensado que se había tomado una potente droga que los tenía fuera de la realidad!

Pero así son las cosas hoy en día. Y de todo eso he sido testigo.

De ahí me surgió la peregrina idea de poder transmitir lo

que he aprendido, los pasos que me ayudan a abreviar cada reportaje, en fin, todo lo que verdaderamente sería útil para una redacción, sin importar lo pequeña o grande que fuera.

Y me fui a ofrecer mi producto...

Algunas empresas ni siquiera me respondían la llamada. Para otras la respuesta era negativa porque eran los tiempos de la crisis del 2009 y lo que menos importaba para una empresa que tenía que reducir costos y realizar despidos era capacitar a sus empleados. Era un gasto suntuario.

Este rechazo a un producto que yo había creado dolía mucho. Por suerte, el inspirador espiritual Julio Bevione vino a mi rescate:

—Estás tomando las cosas de forma personal y de esa forma nunca vas a salir adelante. Así no se reinventa nadie; por el contrario, todas esas respuestas negativas a tu producto tienen que ser tu motivación.

Los motivadores y los inspiradores

Muy fácil era lo que Bevione quería enseñarme: él que no me aceptaran una idea o un proyecto, ¡sería mi inspiración!

—¿Dime cómo es eso? —le pregunté—. ¿Te has vuelto loco?

—Nunca más cuerdo que con la respuesta que te voy a dar: todo esto es la crisis que antecede al cambio. Será el cambio más importante de tu vida. Enfócate, por lo tanto, en resolver lo que es más importante: seguir produciendo buenas ideas. Y todos los que te digan que no, seguirán siendo los motivadores de tu nueva etapa.

Aquí la que creyó estar loca y haber malentendido lo que dijo fui yo.

—¿Acaso los motivadores no son los buenos y no tienen que ver nada con el rechazo?

Bevione me dio una explicación que nunca antes había escuchado.

—No. Los motivadores son todos aquellos que nos ponen piedras en el camino, que no nos ayudan sino todo lo contrario, de manera que los que nos rechazan un producto se convierten en los motivadores. Pero deben ser lo menos importante en el camino, ya que sólo hay que pensar en los inspiradores del cambio, que serán los que te lleven a realizar las metas. Esos son los buenos de la película. Así que la clave será siempre encontrar a quien sea tu inspiración para conseguir lo que te has propuesto.

Nada personal

Esa es una frase que difícilmente he podido entender por todo lo que encierra y que en el mundo de los negocios, de las empresas, es muy utilizada. Te pueden decir las peores cosas, para bien o para mal, pero acompañadas del colofón: "pero no te sientas mal que no es nada contra ti; no es personal".

Así es que debes aprender que el sentimiento del rechazo a tu producto no es una decisión basada en ti, sino en las circunstancias de tu empleador. En ocasiones, como te he explicado, la gentileza de una explicación por lo menos te hace sentir mejor. En otras, ante la seguridad de que lo que propusiste era bueno pero no se dio, simplemente te ayuda a entender que, efectivamente... no es nada personal. Eso es lo mejor.

Un buen consejo vale más que el dinero

Aunque no lo creas, hay veces que el rechazo puede traerte el éxito. Lee bien esto. Si no te han aprobado tal o cual proyecto y no tienes necesariamente la simpatía de esa persona o de alguien en su entorno, es importante que intentes algo: que te den un consejo.

Así lo he hecho y funciona en cualquier campo de trabajo. Si el consejo no viene de ahí, pues pídelo a alguien cuya opinión sea válida y que tú respetes. Háblale de lo que estás haciendo y pregúntale qué debes cambiar.

¡No imaginas cuántas cosas buenas puedes sacar de alguien con experiencia! De manera que si no te pueden dar un empleo, te darán algo más importante en esta etapa de tu vida: sus consejos ¡y esos no tienen precio!

¿Uno que recibí y que vale oro ante el rechazo a tu producto? Aquí lo tienes:

Al rechazo se lo vence razonando. No te obsesiones con

los posibles motivos porque tu camino seguramente sea otro. ¿Qué te dijeron que no necesitan lo que has ofrecido y que lleva tu nombre? ¡Perfecto! Que no te importe y vete a buscar lo tuyo, ¡que seguramente debe estar esperándote en otro sitio!

PARA TENER EN CUENTA

~ *No tomes el rechazo como algo personal.*

~ *Al rechazo se lo vence ra-zo-nan-do.*

~ *Si no quieren tu producto, sigue buscando, que en otra parte debe de estar lo tuyo.*

~ *Pide a quien te rechazó el producto un consejo que pueda ayudarte a mejorarlo.*

~ *El motivador es quien te pone piedras en el camino; por lo tanto, será tu motor de cambio.*

~ *El inspirador será aquel en quien te bases para lograr el éxito.*

14

La época del tacón bajo, la manga
larga y la pastilla de la presión

Ay, ay y más ay! A partir de los cincuenta, sesenta y demás años de edad, ya no es época de usar los tacos, tacones —como quieras llamar a los estiletes— que nos hacían lucir espectaculares y con los que todos se volteaban a mirarnos.

Sí, ya sé que después de los cincuenta tampoco se debe andar mostrando los brazos, so pena de que el pellejo cuelgue como hamaca al saludar. Por si faltara poco, ya nos diagnosticaron con el colesterol y la presión arterial altos, lo que nos ha forzado a comenzar a tomar pastillas para controlarlos, pero... un momento, que eso no significa el fin. Aunque no lo creas, ni siquiera significa un alto para buscar y encontrar empleo.

¿Que el mercado competitivo es grande? ¡Claro! ¡Y mucho más de lo que imaginas!

Pero los cumpleaños no son únicamente para que soples las velitas de tu pastel, ya que la suma de ellos es la experiencia, así que tienes que tomar esta etapa con humor, no importa los años que cargues. Lo que contará será tu disposición para que los demás ni siquiera los noten o, por el contrario, que los miren con admiración.

La Barbie del Medicare

Eso es lo que quiero ser. Pero no me malentiendas. Como de joven fui flaca, fea y pobre, y eso era irremediable, en estos años pretendo seguir siendo una luchadora a la que no le resten oportunidades y ahora menciono el nombre de la famosa muñeca Barbie. Esta muñeca encierra una historia de triunfo para cualquiera.

Pocos podrían imaginar que en uno de los grandes éxitos comerciales en el mundo del juguete está el ingenio de tres personas para concebirla y producirla en el garaje de una casa.

En 1958 Ruth Handler, una ama de casa y madre de familia, quería que su hija Barbie tuviera una muñeca diferente a las que había en el mercado y con la que la niña jugara de verdad, porque las otras ni las tocaba.

Habiendo visitado una feria del juguete en Alemania, Ruth compró varias muñecas y en ellas se inspiró para realizar un modelo tridimensional, a la que llamó "Barbie", en honor a su hija. De ahí en adelante, comenzó el largo proceso de brincar obstáculos para producirla, comenzando con la reticencia de su esposo Elliot y del socio de éste Harold "Matt" Mattson. Ninguno creía en el proyecto y argumentaban que sería una muñeca muy costosa de realizar porque, además iba dirigida a una clientela muy reducida. No sería buen negocio.

Ni para qué narrarte todo por lo que la pobre de Ruth tuvo que pasar para que su Barbie finalmente viera la luz del día y fuera presentada en la Feria de Juguetes de Nueva York en 1959... donde inmediatamente ¡se convirtió en el furor de las compras! ¿Sabes cuántas se vendieron en el primer año? ¡Trescientas cincuenta y una mil! Eso, en el año 1959, sin la publicidad de hoy en día, ni las redes sociales, fue un evento fuera de serie.

¿Ves por qué, más allá de la belleza de Barbie y de su aparente superficialidad, se encierra la filosofía del ama de casa que triunfó con ella? La constancia y dedicación para brincar los obstáculos le dieron al final el gran pago.

¿Ves que estos son los elementos que en realidad hacen que una Barbie de carne y hueso, sin importar la edad que tenga, realice lo que se proponga?

Todas queremos ser Barbie

Niñas, jóvenes y adultas; flacas y gordas; altas y bajitas; bonitas y guapas —y quienes no lo somos, pero tenemos una dosis de simpatía que al final juega a nuestro favor— hemos tenido sueños de ser (para nosotras o para alguien más) una muñeca. Eso no es malo.

Es cuestión de que tú misma te veas como una muñecota. No importan los kilos de más.

Esos, en primera instancia, son lo de menos (siempre y cuando no se conviertan en una excusa para no correr, caminar o hacer tu trabajo como lo haría alguien en sus treinta o sus cuarenta).

Pero hay que comenzar por creerlo desde lo más trivial y te explico cómo hacerlo.

Cuando estoy en Miami trabajando, quienes me ven salir al final de la jornada de la redacción del *Noticiero Univision* se ríen de mi forma de despedirme hasta el día siguiente:

—Buenas noches, ¡que esta muñeca ya se va para otra juguetería!

Y es que en esta etapa, yo quiero ser la "Barbie del Medicare". Yo, que nunca tuve una Barbie porque en mi infancia mi familia en Veracruz, México, económicamente no podía comprar esos juguetes que además sólo se conseguían en los Estados Unidos.

No, no es nada que sea producto de las cosas que digo para reírme de mí misma, que al fin y al cabo es lo que a uno lo libera, sino alguien que muestre que no hay límite cuando la voluntad de hacer las cosas es nuestra gasolina.

Pisa firme para que te escuchen

Un buen día conocí en Miami a una mujer que hizo que todas las miradas voltearan hacia ella en el restaurante donde me encontraba junto a un grupo de amigos. ¿Era joven? No. ¿Su ropa fue lo que llamaba la atención? No. Entonces, ¿por qué aquella mujer que vestía de jeans y camiseta tenía a más de uno viéndola embobado? ¡Por su forma de entrar caminando!

Era Gisselle Reyes, maestra y responsable de la pasarela de las concursantes de "Miss Venezuela" y, por tanto, colaboradora en el increíble logro de por lo menos siete títulos "Miss Universo".

"La vida es eso: una pasarela", afirma orgullosa Gisselle. "Es el escenario donde tienes que caminar y pisar fuerte para que todos sepan que tú te encuentras ahí".

Nada más escuchar eso, supe que era una gran verdad que, sin embargo, muchas ignoramos y dejamos para las concursantes de un certamen de belleza porque tenemos miedo de caer en la vanidad, que a fin de cuentas es un pecado que no queremos cometer.

Pero, ¿dónde está escrito que una pequeñita dosis, además muy controlada, de vanidad nos hace mal?

Querer es poder

Ni pienses por un solo instante que no se puede ser una muñeca en tus años maduros. No te dejes vencer por el espejo cuando te miras en él. Tampoco porque en el salón de belleza cada día te cobran más por el tinte porque las canas te han aumentado. Nada de deprimirte porque descubres que cada día hay más arrugas o que, cuando te ves las manos, las encuentras cada vez más molestas por la artritis. Esas son consecuencias superficiales. El alma, la conciencia de cada quien, no cumple años.

Ahora sólo te pido que el calendario no te importe.

Para eso tendrás que reflexionar en lo que le pasa a las muñecas: siempre son jóvenes, lindas, nunca se enojan, no se arrugan y parecen estar diciendo a quien las mira: "A nosotras todo nos pinta muy bien".

Entonces, no tengas miedo de reinventarte como una muñeca, ya que, a fin de cuentas, eso te permitirá decir siempre que quieras: "Esta muñeca se marcha para otra juguetería".

～ PARA TENER EN CUENTA ～

~ *Pisa firme para que te escuchen.*
~ *La época del tacón bajo, la manga larga y la pastilla para la presión arterial no debe ser obstáculo a reinventarte.*
~ *Los cumpleaños no sirven únicamente para soplar las velitas del pastel: Utiliza la experiencia de los años a tu favor.*

~ La historia de la creación de Barbie demuestra lo
   que se puede conseguir con ingenio y constancia.

~ Piensa como si fueras una Barbie. Tiene más de
   cincuenta años y sigue siendo bella.

~ La filosofía de las muñecas es que son eternamente
   lindas y parecen decir: a nosotras todo siempre nos
   pinta requetebién.

15

¡No!... al rencor

Soy honesta cuando te digo que hubo días en que recibir una llamada de mi agente me daba pena. La pena no sólo era por mí, sino también por él, a quien le tocaba recibir de primera mano las malas noticias para retransmitírmelas.

Esto me lleva al primer paso necesario para reinventarse: desechar el rencor.

Como hacen todos los agentes, cuya principal misión es encontrarle trabajo a sus clientes, Raúl Matéu, sin importar cuántas veces alguien le dijera que no, cada tanto volvía a llamar con argumentos válidos a quienes podrían, con el tiempo, darme trabajo.

En una ocasión le devolvió la llamada a un importante personaje (nunca mencionaré nombres). Esta persona le había pedido una presentadora con peso profesional, que escribiera para el noticiero, hiciera reportajes, tuviera contacto con el público y se identificara con la comunidad. Sería para el noticiero local de una ciudad importante.

Cuando Raúl, siguiendo los protocolos de su trabajo, me comentó que tenía pensado proponerme, a pesar de que esa misma persona ya le había dado varias negativas, su propuesta de inmediato me llenó de esperanza y de júbilo.

—Haciendo un recuento —analizaba Matéu—, de verdad que sería una gran oportunidad para todos.

"¡Sin duda yo soy la persona perfecta para eso!", me dije.

Además, yo nunca he hablado mal de ningún jefe, nunca he hecho nada en contra de nadie y había pasado tiempo suficiente —tres largos años de desintoxicación laboral que me convertían en una buena candidata. Con eso en mano, mi agente llamó a su contacto.

—No tengo a nadie más —le dijo—. Es más, no creo que encuentres a otra persona con esas características mejor que María Antonieta Collins, a quien sabes que represento. Te va a servir de maravilla los próximos diez años. Dale el puesto, que no te vas a arrepentir.

La respuesta que le dieron fue inmediata y virulenta.

—No. ¡Y no insistas! Qué pena por ella. Sin lugar a dudas una de las mejores reporteras que hay en la televisión en español, pero que, por una mala decisión, arruinó su carrera profesional. Está terminada.

No puedo narrar lo que sentí en el momento en que Raúl me contó lo que había sucedido.

—Verdaderamente son malas noticias. Muy malas, y ahora sí que sé que en ese sitio ya no hay nada más que decir ni hacer porque de esa persona depende que te contraten, aunque sea como *freelancer*. Lo hace simplemente porque es alguien corporativo y se siente en posición de tomar revancha. Hay algo más que claro, MAC: ahora sí que sólo queda buscar en otra parte... o esperar que algún día haya algún cambio.

No sabes cuántas horas al día me repetía por adentro las palabras que me habían sentenciado: "Por una mala decisión arruinó su carrera profesional. Está terminada". Uffffff.

Con ese peso encima, la posibilidad de un cambio se antojaba imposible.

Como dice el refrán, hay dos sopas, la de fideos y la de j--eos, y la de fideos ya se ha acabado. O sea que la realidad me llevaba más hacia el desempleo, si yo pensaba volver al sitio de donde salí.

Comencé a preguntarme varias veces al día lo mismo: "¿Por qué ese odio? Si nunca los insulté ni les fallé y yo les podía ser más que útil".

Aunque me hacía daño recordar cada momento las frases que me había transmitido Matéu, estas irremediablemente me atacaban cada momento, hasta que volvió a mi rescate Julio Bevione, mi amigo y guía espiritual.

—Todo está bien —sentenció—. Deja de angustiarte, que todo pasa por algo. Esta es la prueba de que eres fuerte y que no te dejas vencer. Deja que Dios guíe tus pasos. Deja ir el rencor que sientes. Suelta ese sentimiento. Eso déjaselo a quien te lo hizo. Allá todas esas personas con su poder y la forma en que lo manejan. Tú ahora enfócate en resolver lo que es urgente: ¡Reinvéntate! Recuerda que la gente fuerte como tú está ahí para demostrar que ha aprendido la lección, que entiende todo lo que esto le ha significado. Si no lo haces, entonces estarás reprobada en la asignatura de ser humano.

La paz del perdón

Con su ayuda comencé entonces a trabajar diariamente y, con un esfuerzo sobrehumano, pude perdonar a quienes me habían herido, con intención o sin ella, ya sea porque fueran malas personas o porque siguieran vínculos laborales.

Es muy común que en situaciones como esas, los pensamientos negativos vengan varias veces al día: ¿Por qué me hicieron eso a mí que soy tan buena? ¿Por qué? ¿Por qué? Es un infierno.

Lo primero que hay que hacer para detener eso es, aunque no me creas, dejar que esos sentimientos fluyan, no evitarlos. Pueden ser días o semanas, en mi caso yo decido cuánto tiempo quiero seguir sufriendo: no más de dos semanas. Pero algo muy en claro: no los evito porque sentirlos es darme cuenta de que son normales.

Lo malo es dejar que ese sentimiento de rabia y de coraje contra una persona se convierta en parte de la vida diaria. Ufffff, ¡eso no!

Finalmente, el próximo paso es desechar esos pensamientos totalmente al poco tiempo para no dejar que la rabia te coma.

Para esto tengo un ejercicio. Mientras más enojo y

frustración tengo con alguien, más repito algo que es para mí un mantra: "Dios toca fuerte a las puertas de cada quien para per-do-nar".

Otras veces pienso en los momentos agradables que pasé junto a esa persona, lo inteligente que es, las cosas buenas que vivimos. Y, en ese lapso, el rencor se va esfumando. Créemelo.

El más grande beneficiado eres tú, porque sustituyes un pensamiento negativo por uno positivo. A fin de cuentas, debes entender que el cáncer del alma comienza con el odio y el rencor hacia otros.

¿Cuesta trabajo? Ahhhh, por supuesto que sí. Nada de lo que te digo ha sido fácil, pero hay que comenzar a hacerlo para liberarse.

No te estoy diciendo que te conviertas en una clon de la Madre Teresa de Calcuta, pero sí que por lo menos intentes lograr el beneficio de liberarte del rencor; no sabes cuánto bien se logra, porque la paz del perdón es lo único que cura el alma. No existe la reconciliación ni contigo mismo, ni con nadie, si no hay perdón.

Yo me digo: "Soy María Antonieta de Veracruz, México, no la Madre Teresa de Calcuta. Pero el perdón a quien me ha ofendido me va a sanar".

Con lo que te he contado de mi retorno a mi amado Univision está más que claro que el perdón tuvo que ser parte de la "buena vibra" para que todo se acomodase a mi favor.

¿Qué ha pasado tiempo después con aquellas personas que me causaron en su momento un gran dolor y angustia, y que me afectaron económicamente? Bueno, que nos hemos encontrado en algún evento. Este mundo del periodismo hispano de televisión es muy pequeño.

Y, ¿sabes cómo nos hemos saludado? Sinceramente y con todo el corazón, por lo menos de mi parte, como siempre, como cuando todos trabajábamos juntos. Y en verdad que los miro sin el más mínimo rencor por los años en que me hicieron sentir desahuciada laboralmente. Los veo como los recordé en mis ejercicios mentales: gente con la que compartí una etapa de enseñanza de mi vida. Esa es la verdadera paz del perdón que libera.

PARA TENER EN CUENTA

~ *La paz del perdón es lo único que sana el alma.*

~ *No hay reconciliación sin perdón.*

~ *Practica reemplazar los sentimientos negativos con los positivos.*

~ *Dios toca a tu puerta para que lo escuches.*

~ *La rabia, el odio y la frustración constante no deben durar más de dos semanas... ¡o se vuelven parte de tu vida!*

~ *Si alguien que te ha provocado daño viene a ti, salúdalo generosamente. Eso te hará mejor ser humano.*

16

A palabras necias... oídos sordos

A quien ha perdido el trabajo por la causa que fuere lo persigue una pesadilla que es dolorosa y casi inevitable: las preguntas impertinentes, que no faltan y que vienen de amigos, familiares o de otros que —con buena o mala fe— se convierten en un coro que cuestiona con tono entre tristeza y compasión:

—¡Ay, pobre de ti!

—¡Qué pena lo que te ha pasado!

—¿Todavía sin trabajo?

—Y, ¿qué sentiste cuando fuiste a pedir el desempleo?

Nadie sabe lo que semejantes palabras provocan en quien vive la pérdida, el desconcierto y el sentimiento de fracaso que surge cuando no se encuentra empleo.

Ahora magnifica eso, cuando se trata de alguien que ha estado en la televisión y deja de estar en ella. Muchos piensan que quienes trabajamos ahí somos inmunes a los sentimientos que vive el resto de la gente ante sucesos que cambian la vida: tristeza, soledad, angustia y preocupación por el futuro. Pero créeme: no hay nada más falso que eso, porque somos iguales. ¿Acaso somos marcianos?

Personalmente, me costó mucho trabajo aprender a escuchar a la gente —más impertinente que genuina— que bajo el manto de estar preocupados por lo que me pasaba me soltaban a bocajarro cosas dolorosas que no sólo eran de mala educación, sino que ni siquiera venían al caso.

—Lo que es la vida, ¿verdad? —soltó una de frente—. ¿Quien le diría que estaría sin trabajo?

Hubo más:

—¿Qué va a hacer sin la televisión?

—¡Pobre de usted! ¿Podrá volver algún día?

—Y... ¿ahora qué va a hacer sin trabajo?

Me decían estas cosas sin la discreción que se requiere ante una persona a la que no se conoce.

Me fue muy difícil lidiar con la situación, al grado que comencé a aislarme, a no ir a sitios donde podría ser víctima de gente maleducada. ¿Qué motiva a otros a decir cosas desagradables a personas que no conocen? Nunca lo he entendido, especialmente porque de la misma manera podrían hacer lo opuesto; por ejemplo, desearle que pronto lo vuelvan a ver haciendo su trabajo.

Comencé a experimentar tal terror al qué dirán, que prefería quedarme en casa, porque no podía enfrentar esta situación.

—No puedes hacer eso— me dijo mi amigo Julio Bevione—, porque equivale a darle la razón a quienes quieren hacerte daño. Quiero recordarte algo: sólo nos daña la persona a quien se lo permitimos. Nadie más.

Sí, el consejo era bonito, pero seguirlo requería de mucho más que la buena intención.

—Ponte a ver —siguió aconsejando Bevione—. ¿Qué es lo que la gente quiere ver y escuchar? Que te va mal, que no tienes dinero, que te ves triste, que si te entrevista alguien dejas ver tus tristezas y la desesperación por tener algo. Entonces, haz todo lo contrario: que te vean feliz, despreocupada, riéndote, luciendo lo mejor, haz ejercicio, baja de peso, todo lo que se opone a lo que la maledicencia de la gente quiera criticar. Y verás que habrá un cambio, porque al morbo lo diluye el tiempo y, curiosamente, como te vas haciendo menos importante para ellos, pues te dejan en paz...

Que la humillación y la ofensa no te acaben

Pero las variantes de las palabras necias que requieren de oídos sordos en tiempos de desempleo tienen un gran rango.

Están por todos lados. No tuve ese sentimiento que viví durante meses cuando una persona inteligente y a quien yo admiraba me hizo su sujeto favorito para burlarse impunemente de mi persona, ofenderme públicamente y después pronosticar que nunca jamás volvería a tener el trabajo que muy poco después tuve.

Aquella vergüenza pública sucedió en el peor momento, cuando más débil estaba.

Día tras día, semana tras semana, durante unos meses, fue algo que jamás imaginé y a lo que nunca respondí. No podía hacer nada más que seguir en lo mío, que era buscar el medio apropiado para volver a trabajar.

Pero las cosas tienen un efecto insospechado y sorpresivo. Aquel coro de ofensas logró algo increíble: que vinieran a mi rescate importantes personajes indignados con lo que sucedía, así como amigos y gente de quien no sabía hacía mucho tiempo y que reaparecieron para darme apoyo.

—Aprende a reírte de eso también. ¿No ves que te está haciendo el mayor beneficio? Por la razón que fuera te menciona todos los días y eso de alguna forma te mantiene vigente.

No lo veía así, pero era cierto.

—Si le pides que te mencione a diario, seguro que no lo hace, así que no tomes esto a pecho.

Otro más me dio una frase de oro:

—No dejes que quien te humilla y te ofende, te destruya.

Nada más real y que me diera más fuerza. Este análisis se sumó a otro que me hizo razonar:

—Nunca prestes atención a quien te quiera lastimar. ¿Sabes por qué? Porque uno sólo debe tomar en cuenta lo que dicen las personas que son importantes en nuestras vidas, gente admirada, gente triunfadora, gente que te quiera. Los demás, ¡nunca! ¡Por Dios! Que hagan o que digan lo que quieran.

De lo malo aprendí a reírme aún más de mí misma, a convertir todo aquello en algo positivo para mi vida y a no tomar las cosas como si hubieran sido parte de la Biblia.

¿Miedo al qué dirán? ¡Bahhh!

No hay que ser sicólogo, ni profeta, ni filósofo para saber un truco sencillo, que me repito como mantra y que debes practicar como ejercicio cuando estés en el proceso de reinventarte:

—¿Quién paga mis gastos el día quince y el día treinta? ¡Sólo yo!

Entonces la regla de oro para reconstruirte es enfrentarte a las palabras necias como si fueras un cantinero escuchando borrachos en un bar, porque al final del día, el qué dirán será el qué dirán, pero lo más importante es ¡lo que digas y piensas de ti misma! ¡Y ya!

PARA TENER EN CUENTA

~ *No dejes que quien te humille y te ofenda te destruya.*

~ *¿Quién paga tus gastos el día quince y el día treinta de cada mes? ¡Sólo tú!*

~ *Sólo hay que escuchar lo que nos digan las personas importantes en nuestras vidas.*

~ *A palabras necias, oídos sordos.*

~ *Los que hablan mal del ti te mantienen vigente.*

~ *No le des el gusto a los que quieran verte mal y derrotado. Ante ellos, ¡luce feliz!*

~ *El qué dirán es el qué dirán, pero lo importante es lo que pienses de ti mismo.*

17

Las cosas siempre pasan por algo...
¡entiende cada etapa!

La pregunta que más frecuentemente me hacen encierra la esencia de la reinvención. Nunca falta quien de vez en cuando me dice:

—Ay, pobrecita de usted. De presentadora a corresponsal. ¿No extraña tener un noticiero?

Mi respuesta fulminante es una:

— ¡No!

¡Por supuesto que no lo extraño! ¡Eso quedó atrás! Esta es otra etapa de mi vida. Es lo que me hace feliz. No hay nadie que disfrute más de estar en donde se da la noticia, en el norte, el sur, la costa, el desierto, el calor o el frío. Donde sea, pero reportando sobre lo que vive nuestra gente, lo que le duele, lo que le hace feliz, y que se transmite cada noche en el noticiero o en *Aquí y Ahora*.

En ningún momento en esta etapa de mi vida me imaginé siendo presentadora de un programa ¡con sesenta años de edad! ¡Qué flojera y que riesgo!

En cambio, con mis años bien puestos encima y con la experiencia que he ido ganando con el tiempo, sumado a la increíble respuesta de la audiencia, ahora mi trabajo de reportera tiene aún mayor valor: el trabajo de la reportera Collins a la que la audiencia llama para que ella pueda contar lo que les está pasando.

En verdad que soy feliz haciendo lo que he planeado, siendo parte del mejor equipo de noticias en español en los Estados Unidos.

Eso es, de acuerdo a Julio Bevione, saber entender los tiempos de cada etapa de la vida y haber cerrado correctamente los ciclos.

No hay nada que yo añore del pasado. Todo lo contrario.

Cada día me significa un reto. ¿Qué mejor reportaje puedo lograr? ¿Qué cosa nueva puedo añadir a mis reportajes para que sean más beneficiosos para nuestra audiencia.

Así me la paso la mayoría del tiempo, porque por oficio y por hábito soy reportera las veinticuatro horas del día, ya que no me desconecto cuando termino la jornada. Todo lo contrario.

Eso se llama entender muy bien que, en la vida, hay muchas etapas y hay que dar la bienvenida a las que llegan y despedir a las que se van.

Las cosas siempre pasan por algo

El día que regresé a Univision, entre los agradecimientos a todos los que ya he mencionado, hubo también uno a alguien en especial: a Fabio Fajardo, mi fallecido esposo. ¿Por qué?

Es una historia increíble de contar, que no comenzó de la mejor manera...

Cuando me marché de Univision en el 2005 no obedeció a que me despidieran o a que no me renovaran el contrato; simplemente sucedió que una grave situación familiar se complicó. Mi esposo Fabio quería una esposa a tiempo completo... ¡por lo menos los fines de semana! Y yo me la pasaba viajando de lunes a viernes y trabajaba en el *Noticiero Univision* el sábado y el domingo. ¡No hay esposo que soporte eso!

Sin embargo, él a regañadientes lo soportó hasta que llegó el momento de la renovación de mi contrato en aquel 2005.

—Ahora sí que tendrás que escoger —me dijo terminante—, porque esto ya no puede seguir así. No podemos tener vida social porque viajas todas las semanas y los sábados y domingos, cuando sales del noticiero estás muy cansada para acompañarme a cualquier lado. No tenemos vida en pareja, y ya no tenemos hijos pequeños, ni siquiera en casa. Así que lo mejor es que dejes ese trabajo. Sé que no será nada fácil, pero tendrás que hacerlo.

Y por supuesto que no hubo más. No había espacio, eran otros tiempos y la única solución disponible fue marcharme de mi amadísimo empleo que lo había significado todo para mí, y que había sido la relación más estable de mi vida. Me he casado algunas veces, pero trabajos, oronda decía, sólo este. Mis compañeros eran mi verdadera familia. En el *Noticiero*

Univision había nacido y crecido profesionalmente en los EE.UU. Además, como una familia, todos habíamos compartido nacimientos, bodas, divorcios y, lo más importante, habíamos convivido más tiempo que el que habíamos pasado con nuestras propias familias. Por lo tanto, dejarlo fue como cortar una gran parte de mi vida. ¡Uy, que dolor tan grande!

Pero yo me lavaba el cerebro recordando que, gracias a Dios, había logrado tener casi instantáneamente un muy buen trabajo en Telemundo, con extraordinaria paga y, sobre todo, que me permitiría trabajar de lunes a viernes de cuatro de la mañana a la una de la tarde. Gracias a ello, cuando Fabio regresara de Miami —ya que regularmente viajaba allí unos días a la semana en su oficio de inspector de barcos— ahí estaría su adorada esposa esperándolo para salir y divertirse.

Pero no pudimos hacerlo ni dos meses por algo terrible que ya he perdonado y de lo que no voy a entrar en detalles: llevaba una doble vida con otra mujer que vivía fuera de los Estados Unidos, sin que nadie lo supiera.

A los tres meses regresó gravemente enfermo de un viaje. Él creía que era un ataque al corazón, pero la terrible e insospechada verdad fue que ese hombre fuerte, atractivo, joven, que no fumaba, que no tomaba, que hacia ejercicio... ¡Estaba invadido por un cáncer que se lo llevó a la tumba al cabo de siete meses y once días!

En ese periodo, en el que me enteré de aquella monstruosidad de la doble vida, todo fue una vorágine.

Lo perdoné en vida y lo cuidé hasta el preciso momento de su partida.

Después lo lloré día y noche durante muchísimo tiempo, hasta que, finalmente, también tuve que aprender a lidiar con ese dolor y seguir adelante.

Pero entonces se trataba de dos pérdidas terribles: no tenía a mi amado trabajo y tampoco podía volver... y ya no tenía al esposo por el que había renunciado a ¡más de veinte años de vida laboral!

En verdad que veo fotos de esta época y era la desolación total... y con razón.

Durante mucho tiempo, mis reproches a Fabio muerto, los mismos que le hacía tanto en la privacidad de mi casa, como en el cementerio donde se encuentra, eran los mismos, y no tenían nada que ver con su doble vida, sino con lo más grande que me había hecho perder: "¿Por qué, Fabio? ¿Por qué si tenías a otra mujer me forzaste a dejar el trabajo, el único y adorado trabajo que yo tenía?".

La rabia me azotó con furia interminable hasta que, poco a poco, me llegó la resignación.

—¿Lo has perdonado?—me preguntaban.

—Le perdoné, sí —respondía—, pero no al cien por ciento.

Digamos que lo había perdonado un noventa por ciento, ya que lo que había tenido que pasar para reinventarme sin el trabajo que más me hacía feliz no había sido fácil, sino todo lo contrario.

Me repetía entonces que si él no me hubiera forzado a irme, no hubiese tenido que vivir las humillaciones y el dolor porque hubiese seguido en mi empleo sin problema alguno.

Durante años, no pude prender la televisión en el canal donde estuviera el noticiero y ver a mis compañeros o, peor aún, a quienes me habían sustituido.

Por las noches me reprochaba a mí misma:

"Bruta, Collins, qué bruta fuiste. Si no te hubieras ido, en estos seis años, en lugar de llorar por partida doble, por Fabio y por el trabajo, lo habrías perdido a él, pero seguirías siendo la presentadora del fin de semana. Seguirías siendo parte del equipo de presentadores, no una desempleada a quien no quieren contratar porque cometió el error de marcharse a otra cadena. Las penas con pan son menos".

Era una herida abierta que no podía cerrar con nada.

Así pasaron tres años de reproches sin respuestas, hasta que llegó la nueva etapa y cuando te hablo de algo nuevo es porque renovación también significa la llegada de ejecutivos nuevos, de caras nuevas; de otra forma no habría cambio.

Hubo, por lo tanto, una nueva estructura en la programación y en los programas, y cambios, muchos cambios, que llevaron al *Noticiero Univision* a renovarse y transformarse en un noticiero totalmente competitivo para nuestra audiencia del siglo XXI y donde yo he tenido generosa cabida.

Y resulta que haberme ido, a cuenta de mi esposo, me permitió volver, porque de otra forma quizá ya no hubiera continuado.

Así que al darme cuenta de tan importante cosa, fui al cementerio y ahí, frente a la tumba de Fabio con todo el corazón, lo perdoné totalmente.

—Vengo a darte las gracias —le dije después de casi seis

dolorosísimos años—. ¿Sabes por qué? Porque hoy he regresado a Univision y con eso te he perdonado totalmente. Nunca más un reproche, querido Fabio. Todo lo contrario. Si no me hubieras hecho partir entonces, ¡hoy quizá no estaría ahí!

Fue entonces que me di cuenta que, inevitablemente, ¡las cosas siempre pasan por algo!

PARA TENER EN CUENTA

~ *Inevitablemente las cosas siempre pasan por algo. Sólo hay que esperar a descubrir el motivo.*

~ *Cierra todos los ciclos pendientes de tu pasado para que puedas vivir en el presente.*

~ *Hay que aprender a distinguir y a aceptar las etapas diferentes de la vida.*

~ *Enamórate de cada cosa y de cada aspecto de tu reinvención.*

18

Dignidad ante todo...

Mauricio Zeilic, "El rey del Tiki-Tiki", decano de la prensa de entretenimiento en la televisión en español en los Estados Unidos, es alguien que bien puede escribir el decálogo de lo que es manejarse con dignidad laboral.

Es alguien que siempre se preparó en los tiempos buenos para los tiempos difíciles y que económicamente tiene su problema resuelto, pero que, por lo que ha vivido desde que terminara su programa *Cotorreando*, bien podría dictar seminarios para luchar contra otro de los males que ataca a los ex presentadores: cuando las luces y reflectores de las cámaras se apagan y no hay programa de televisión, muchas veces les ofrecen miseria y tienen que aceptar lo que sea con tal de volver.

"La gente a menudo me pregunta: '¿Aún sin programa? ¿Cuándo va a regresar?'", explica Mauricio, "y les respondo con lo que ha sido la norma de mi vida: mire usted, yo estoy estudiando lo que me ofrecen, revisando propuestas, que nunca faltan, pero hasta que no haya algo que realmente valga la pena, eso no sucederá".

Y aquí llega el punto de las múltiples ofertas que en verdad llegan en esas instancias: unas regulares, otras malas y otras descabelladas, pero todas como el pecado: es decir, revestidas de tentación para hacerlas atractivas. Es aquí donde se cometen errores fatales y eso sucede en todos los campos.

Son miles los casos en los que la variante ofrecida a quienes buscan trabajo es ser "socios en un negocio". De esta forma, ofreciendo un porcentaje de la sociedad se aceptan más rápidamente las ofertas de trabajo, que, al cabo de unos días, resultan ser algo totalmente opuesto a lo que se prometió. En muchos casos ni siquiera existe el empleo como tal y las cosas son peores que antes por la frustración que producen.

En el caso de Mauricio, me consta que ha recibido ofertas que en primeras instancias lucían tentadoras y que, ante mi asombro, rechazó. Afortunadamente para él, eso en gran parte se debe a que tiene su economía resuelta. No necesita de un empleo para comer. Sería un retorno a la televisión, básicamente, porque ha sido parte de su vida durante décadas.

Esto tiene un principio básico: no debes aceptar todo lo que te ofrecen.

Pero este no es un capítulo para presumir de nada, sino para mostrar la importancia de pensar en lo malo en los tiempos buenos, algo que al final resulta en el mejor seguro de protección en tiempos de vacas flacas.

"Es la ventaja de adelantarse a todos los acontecimientos", recomienda Zeilic, "de pensar que nadie debe ponerte frente a la pared porque no tienes con qué pagar tus deudas, que te ahogan, porque te falta hasta para comer y, como no tienes nada para salir adelante más que tu sueldo, tienes que aguantar lo que sea. Ese nunca debe ser el caso; de otra manera, nunca jamás serás libre para decidir lo que verdaderamente quieres. Lo mismo sucede cuando el empleo donde te encuentras te está haciendo daño. Eres infeliz yendo todos los días a trabajar, te da tensión, pero tienes que seguir ahí sin la opción de darles las gracias y marcharte a otra parte".

Eso mismo hice yo a costa de muchas cosas, entre ellas un sueldo extraordinario por el programa matutino, que además me dejó sin empleo y con nulo margen por encontrar algo mejor, ya que las negociaciones en la industria se hacen estando adentro y no afuera. Por eso marcharme trajo tantas cosas en contra.

Una mañana me desperté pensando en algo de lo que me acababa de enterar: el sucio juego de traiciones a mis espaldas que ocurrió cuando era más vulnerable. Cuando estaba lidiando con la vida de mi esposo moribundo y alguien en quien yo confiaba ciegamente, por celos profesionales e inseguridad, me hizo una guerra sorda, injusta y sucia que, para su infortunio, quedó al descubierto.

Para ganarse mi confianza, me decía:

—No te preocupes, todo está bien. Tú dedícate a tu esposo en lo poco que le queda de vida que yo me encargo de todo y deja que yo hable con fulano si hay algún problema.

"Fulano" era el personaje con más poder en aquella compañía y alguien que creía todo lo que él le dijera. ¡Claro que hablaba con él! Pero para darme las puñaladas por la espalda. Sistemáticamente, él y otro personaje a quien había convencido llamaban a ese ejecutivo y le decían cosas negativas de mí. ¿Resultado? El envenenamiento que produjeron fue tal que aquel hombre tenía otra imagen mía, totalmente opuesta a lo que soy como empleada, y nunca me dio la oportunidad de demostrarle quien era yo, ni él pudo conocerme verdaderamente.

¿Cómo me enteré de todo esto? Por honestos compañeros de trabajo que se dieron cuenta de lo que sucedía y quienes, pidiéndome anonimato porque su trabajo estaba en juego, me pusieron al tanto.

—Cuídate, aunque no eres la única de quien se burla y habla mal —me advirtieron tardíamente.

Me puse en alerta, investigué y, para mi desconsuelo —porque en verdad yo quería a esta persona— descubrí que todo era verdad.

Aunque mi agente oficialmente tomó cartas en el asunto y se hizo una investigación, el daño ya estaba hecho. Lo importante fue que, al final, el personaje supo que estaba al descubierto.

Pero todo lo malo que me causó, al final me hizo recuperarme a mí misma por encima de las cosas materiales y ver que sólo me quedaba cerrar aquella etapa: nada ni nadie podía atentar contra mi dignidad.

Y así lo hice. Allá él, que tendrá que lidiar con el karma de lo que me hizo a mí y a otros.

Quedó atrás en mi vida, como parte de mi reconstrucción personal y laboral.

Lo traigo hoy a colación únicamente como ejemplo de lo que cualquiera, en cualquier empleo, puede vivir.

Lo importante es sobrevivir todo eso.

Ojo: *para hacer el ridículo siempre hay tiempo*

Tiempo después, en el sosiego de la reinvención, aprendí otras cosas que son fundamentales: que el tiempo debe servir también para valorar el futuro profesional de forma más clara:

"Para hacer el ridículo desafortunadamente siempre hay tiempo", afirma acertadamente Mauricio Zeilic. Y eso es lo más patético que puede suceder. Cuando te encuentras en la larga etapa de no tener trabajo hay que saber muy bien que no estamos para darnos el lujo de fallar en el próximo proyecto que intentemos. Más bien todo lo contrario, así que el paso siguiente tiene que ser bien firme. Si no, a disfrutar la vida haciendo otra cosa, que tampoco la vida comienza o termina ahí.

En los tiempos buenos, prepárate para los malos

Fíjate en el síndrome de los boxeadores, que cuando tienen dinero a manos llenas se compran todo lo que encuentran, invitan al batallón de amigos que los siguen por todas partes, organizan las fiestas más suntuosas, regalan y pagan todo sin imaginar que aquello no es eterno y que siempre vendrá alguien más joven a reemplazarlos.

Lo mismo nos pasa a todos, cada quien en su medida. Invitamos, compramos y cambiamos de casa sin imaginar las consecuencias de lo que puede suceder si el empleo se acaba. Esa fue la base de tantos *foreclosures* o ejecuciones hipotecarias de viviendas durante la crisis económica, que afectó especialmente a estados como la Florida, el estado más vanidoso de los Estados Unidos según una encuesta a nivel nacional realizada en el 2011.

La competencia por tener más y hacer más gala —"show off" como dicen en inglés— de que el nuevo estatus de dinero permite hacer de todo... al menos por ese momento.

Y vuelve Mauricio Zeilic a dar otras lecciones. Cuando hablo de que tiene su problema resuelto, me refiero a lo que le enseñó su madre, Rosita Zeilic, una mujer que tenía joyas espectaculares y que amasó una fortuna, producto de su esfuerzo, de su intuición para los negocios y de una organización financiera que no existía en esos tiempos.

"No compres hoy lo que *no* necesitas, para que mañana *no* tengas que vender lo que *sí* te hace falta. Mi mamá sabía siempre en qué gastar y cuándo hacerlo. Fue producto de la Segunda Guerra Mundial; en medio de aquella crisis fue tan pobre que incluso llegó a buscar comida en los latones de basura. Y me trasmitió a mí un sentido muy importante de lo que tienes que hacer en la vida. Por ejemplo, yo no tiro la comida a la basura e inmediatamente guardo lo que no se toca para dárselo a otros que no tienen. Mi filosofía es no botar alimentos ni dinero. Lecciones que son eternas y que todos los días pongo en práctica".

Pudiendo comprarse el mejor departamento de la zona costera de Miami, Mauricio vive en un elegante vecindario de Bal Harbour, en la Florida, pero en el mismo departamento que compartía con su madre. Un sitio bonito, cómodo, pagado por completo, con sólo los gastos de impuestos y seguro a pagar anualmente, que se acomodan a cualquier presupuesto en caso de emergencia. Esto le ha permitido seguir con su mismo nivel de vida de siempre, a pesar de no tener programa de televisión, porque su seguridad económica se basa en el éxito de sus inversiones en otros campos.

Cuando me ofrecieron una propiedad, que era la casa de mis sueños, muchos me mal aconsejaron:

—Pero, ¿sigues viviendo en la misma casa pudiendo tener una mansión? ¡Múdate a una que te guste más!

Mauricio de inmediato vino a poner mis pies en la tierra:

—No compres nada que no puedas pagar hoy, porque si algo sucede mañana, tendrás que dejarla ir a costa de mucho daño, entre ello que se afecte tu crédito y que no puedas mantenerla. Esas casas no sólo valen lo que cuesta comprarlas, también hay que agregar los seguros, los impuestos, lo que hay que gastar para mantenerlas: la electricidad, el agua, el servicio, algo en lo que nadie piensa. La casa es preciosa y tiene lo que siempre has querido únicamente por la duración del contrato que has firmado. Después todo se vuelve incertidumbre. No es igual lidiar con los problemas con solvencia económica que sumar los miles de dólares que tendrías que pagar obligatoriamente, lo que convertiría a la casa en una pesadilla que no vale el sacrificio. Nunca sabes qué puede suceder.

Gracias a ese consejo, vencí el síndrome de los boxeadores y tengo un auto de buena marca, no me compré aquella mansión fabulosa y seguí viviendo en mi misma casa, la que quiero y remodelo constantemente, una casa que puedo pagar y que me ha permitido en todo este proceso mantener el mismo nivel de vida.

De manera que, si estás preparado, nada ni nadie podrá forzarte a aceptar cualquier trabajo por pesares económicos.

Haz caso y comienza a planear tu futuro, ¡pero ya! Y siempre con dignidad...

PARA TENER EN CUENTA

~ *El próximo paso que intentes tiene que ser muy firme.*

~ *Cuando te estás reinventando, no puedes darte el lujo de fracasar.*

~ *Recuerda que para hacer el ridículo siempre hay tiempo.*

~ *Estudia cuidadosamente lo que te propongan laboralmente. Recuerda que las tentaciones laborales son como el pecado: se visten para lucir espectaculares pero no lo son.*

~ *Nada ni nadie puede robarte dignidad.*

~ *Planea en los tiempos buenos para sobrevivir en los tiempos malos.*

~ *No caigas en el síndrome de los boxeadores. No compres lo que no te hace falta hoy, para que mañana no tengas que vender lo que sí te haga falta.*

19

Prometí que nunca lo negaría...
Asunto de creer

El 7 de diciembre de 2010 no pudo haber sido más complicado y con más malas noticias, que me llegaron como un vendaval en un lapso de menos de media hora. Recuerdo la fecha porque es el aniversario del ataque a Pearl Harbor.

Bien pudo ser algo semejante en mi vida ese día porque todo, absolutamente todo lo que mi agente había propuesto en el curso de esos minutos había tenido una respuesta negativa. Recuerdo que iba yo manejando por Bird Road, una avenida que es un tramo largo, en línea recta, y que dio para recibir aquellas llamadas de mi agente.

—Acabo de hablar con unos posibles empleadores y me han hecho una oferta risible. Saben que estás fuera del mercado y dicen que nada, lo tomas o lo dejas. Además, que aunque quieren un casting, está entendido que no hay un centavo más para ti. No te sientas mal. Es difícil no tomarlo personalmente, pero se me acaba de ocurrir llamar a otra persona. Y lo voy a hacer ahora mismo.

Colgó mientras yo manejaba, asimilando la mala noticia. Apenas había avanzado unas cuadras cuando Matéu me llamó nuevamente.

—Nada, hablé con alguien que tenía una posición abierta en donde encajabas perfectamente, pero, con la misma historia de que te fuiste, me ha dicho que de ninguna manera te darán el trabajo. Espera, que se me acabe de ocurrir otra cosa. Llamo a unas personas que tengo en mente y te digo qué pasa.

Había avanzado otro tramo cuando Matéu volvió a llamar y yo tuve miedo de responderle.

—Tú sabes que ellos te quieren, pero me dijeron que desafortunadamente no tienen nada en concreto hasta quizás el verano del año entrante, es decir, casi un año más, y tampoco garantizan tener un sitio para ti. Así que volvemos a no tener nada.

Como sería aquella conversación que ni siquiera había llegado al final de la avenida cuando le dije a Raúl que mejor guardáramos todo eso que había pasado en los últimos minutos dentro de una gaveta mental por unos días, para dejar que tantas malas noticias se asentaran y nuestros pensamientos se aclararan.

Seguí hacia mi casa en un estado de tristeza inmensa y, además, de preocupación real, ya que el tiempo pasaba y cada vez tenía menos opciones, lo que irremediablemente me llevaría a tomar otras decisiones que podrían cambiar el rumbo de mi carrera profesional.

Encontré el correo del día en el buzón donde sobresalía

un libro titulado *Si Dios contigo, ¿quién contra ti?*, escrito por mi amiga la periodista María Elvira Salazar, quien había vencido mil y un obstáculos en su carrera, y quien abiertamente profesaba una enorme fe cristiana.

Comencé a leer aquel libro que me había enviado para entrevistarla en mi programa de radio y lo primero que leí me impactó profundamente. Contaba María Elvira que a Dios hay que pedirle de rodillas, hincados, pidiéndole su protección y, sobretodo, como lo hace un buen cristiano, con humildad, dando las gracias anticipadas por lo que el Señor va a conceder.

De inmediato la llamé para decirle que estaba leyendo el libro.

—Sé lo que estás pasando, Collins, pero nuestra gran ventaja es que somos mujeres de fe. Cuando no se tiene fe, esta no existe ni para uno mismo. Ora, habla con Dios y tú verás que Él te va a guiar por el mejor camino.

Así lo hice e, hincada al pie de mi cama, le imploré su ayuda y le prometí que nunca, nunca, lo negaría.

Comencé a entender la Biblia y, sin dejar mi religión católica, me he hecho más ecuménica. Es decir, he aprendido que yo, que cubro el Vaticano, beatificaciones, conclaves, que he viajado en el avión papal y que he hablado —privilegio de pocos— con su Santidad Benedicto XVI, debo escuchar la palabra de Dios y aprender a tener una nueva relación con Él.

En esos momentos oscuros, Mariam y Alberto Delgado, pastores de la iglesia Alpha y Omega, de Miami, fueron mi apoyo incondicional y lo siguen siendo. Han orado por mí y por mi futuro, y me han enseñado que, entre la gente de buena voluntad, no hay barreras para amar al Señor.

He ido a Israel y he orado en el Muro de los Lamentos y en la zona sagrada de los túneles del Templo del Rey Salomón, pero también en el Monte de las Bienaventuranzas y en el Mar de Galilea. Pude observar en Jerusalén cómo conviven musulmanes, hebreos y cristianos porque básicamente oran para seguir siendo hombres y mujeres de fe. Y, al fin del día, creo en los milagros, porque de otra forma no pudiera explicar las cosas maravillosas que me han sucedido. Yo misma soy un milagro andante.

No intento convencer a nadie de nada de lo que pienso, porque, como bien afirma el libro *Metafísica 4 en 1* de Conny Méndez: "El maestro aparece sólo cuando el alumno está listo para aprender".

Cada cual a su paso decide lo que quiere para su vida.

Cuando alguien me pregunta a qué atribuyo que las cosas hayan dado un giro sustancial en mi vida, no tardo un sólo segundo en responder: sin lugar a dudas a que soy una mujer de fe.

Pero la fe no es un sistema de emergencia del 911, que se usa únicamente cuando estás necesitado.

La fe tiene que ejercitarse para que se convierta en parte de uno mismo y yo la ejercito diariamente, a cada momento, cuando recuerdo que todo lo que tengo hoy se lo debo a Él.

¿Cuál ha sido mi práctica más constante? Orar, orar, orar, perdonar, no desearle mal a nadie y, sobre todo, siempre tener a mano lo que llamo "mi manual", es decir, un ejemplar de la Biblia. Lo llevo a todas partes. Todos los días del año. Ahí he hallado un salmo que, con toda mi fe, he repetido constantemente y que me enseñó a tener fuerza en los momentos en que me sentía caer y que, además, ha guiado mi vida.

"Clama a mí y yo te responderé y te enseñaré cosas grandes y ocultas que tú desconoces" (Jeremías 13:33).

Prometí que nunca lo negaría, y aquí está la prueba. Amén.

Casos y cosas de Collins: *un examen profesional*

Para aprobar la asignatura de la reinvención, bien puedo decir que todo lo que te he recomendado aquí, yo misma lo puse en práctica y ha desembocado en algo más que se convirtió en mi examen profesional: mi programa radial sindicado *Casos y cosas de Collins*, y las vigentes diarias que se transmiten a través de la cadena FDP a más de ochenta estaciones en los EE.UU. Un examen riguroso que he aprobado con buenísimas calificaciones y que surgió en medio de la incertidumbre y la desesperanza en el 2008.

Materia: explorar tus habilidades y buscar nuevos campos

En el proceso de reconocer mis habilidades y las oportunidades alrededor me di cuenta de que había algo que, en más de treinta años en los medios de comunicación, aún no había cubierto: la radio. Por falta de tiempo o necesidad, jamás había podido hacerlo.

La radio es un mundo fascinante. Tu voz es lo que te hace llegar a cada oyente de forma diferente y dado que la voz envejece menos, eres casi eternamente joven. ¿Qué mejor manera de llegar a la gente que hablándole directamente al oído e informándola, entreteniéndola y hasta divirtiéndola? Era todo un reto para mí.

Ahí comenzó mi peregrinaje buscando casa, un espacio, pero enfrentándome a las mismas respuestas:

—Por ahora no se puede.

—No me lo van a autorizar porque te fuiste.

—Más adelante, quizá. Hay que esperar.

Lo cierto es que no había nada, hasta que un día Raúl Matéu vino con lo que fue una gran e inesperada noticia que me ha abierto nuevos horizontes:

—Acabo de hablar con Andrés Cantor, de la cadena radial nacional Fútbol de Primera, hoy FDP, y le he propuesto que hagas unas viñetas, unos comentarios sobre temas de actualidad tres veces al día, para que se transmitan en las casi cien repetidoras que tiene. No hay sueldo y no lo habría hasta que estas viñetas puedan comercializarse, pero lo más importante es que nos ha abierto el espacio en la cadena de fútbol que transmite en español más grande de los Estados Unidos. Tiene los derechos radiales de los mundiales de *fútbol* y de la Selección Nacional de México, además de toda una variedad de partidos. Lo único es que tenemos que buscar patrocinadores, porque la radio es un negocio, y si el espacio no produce, luego de un tiempo, que Andrés está dispuesto a esperar sin poner presión, pues nada, aquello se terminaría. Yo estoy seguro que no vamos a llegar a eso y que, por el contrario, nos va a ir muy bien. Así que, ¡manos a la obra!

Andrés Cantor, generoso y amigo. El famoso "Mr. Gooool" debido a su marca, el largo, muy largo, grito con el que corona cada gol que le toca narrar. Además, es toda una autoridad en el deporte más visto en el mundo y él mismo me había hecho sentir ¡que las puertas comenzaban a abrirse!

Lo demás dependería de mi esfuerzo.

Materia: tener amigos que te recuerden como buena trabajadora y buena persona y que te puedan dar trabajo

Habíamos sido compañeros cuando, en la década de los noventa, era comentarista deportivo en Univision. Los domingos, él y su compañero Norberto Longo —ya fallecido— daban los resultados en el noticiero del fin de semana en el que yo era la presentadora. Y después volvimos a encontrarnos cuando los dos trabajamos en Telemundo y, además, teníamos amistades en común, en especial nuestro gran amigo Jorge Hidalgo, vicepresidente de deportes de esa cadena. Siempre guardamos un enorme respeto profesional mutuo.

Los deportes no me son ajenos.

En algún momento de mi carrera profesional —cinco años de mi corresponsalía para Televisa en California— cubrí deportes: el béisbol de las grandes ligas. Pero nadie en la década de los noventa me pudo haber advertido que, quince o veinte años más tarde, el mismo Andrés Cantor vendría a mi rescate.

—Doña Collins: el espacio es suyo—, me dijo generoso a más no poder.

Y le puse toda mi alma a esas vigentes. Comencé a grabar religiosamente dos veces por semana, como si un contrato me obligara, como si fuera un trabajo establecido, ¡cuando en realidad pude haberlo hecho dos veces por mes!

¿Ves la importancia de los amigos y de que te conozcan como alguien que aporta, trabaja y no da excusas?

Materia: tú eres tu mejor producto

Aquí estaba en práctica la regla de oro de que uno es su mejor producto. Para eso debes tener en cuenta que hay que hacer sacrificios, modernizarte y hacerte evaluaciones, como si fueras un departamento de Recursos Humanos de cualquier empresa. A partir de entonces y como todas las cosas que siguen funcionando, aquel primer contrato se ha seguido renovando por muchas razones generosas, pero también porque el producto que les ofrezco siempre es el mejor, y doy el cien por ciento de mi capacidad, sin importar si estoy de viaje por la Conchinchina.

Materia: ofrece ideas nuevas e irresistibles

Pasaron los dos años de la mayor crisis económica en los Estados Unidos, 2008 y 2009, donde nadie ni compraba ni invertía, y mucho menos en programas de radio que resultaban suntuarios, sin importar de qué se trataran. Pero el ponerme a pensar y comentar las inquietudes con miembros del equipo de Andrés, como Adriana Grillet, hizo surgir otra idea: FDP podría ampliar sus productos deportivos hacia un programa de la vida diaria: lo que ocurre, lo que interesa, lo que la audiencia también necesita saber. Para eso estaba yo y, por supuesto, la idea: si las estaciones no tienen tiempo para un programa más, ¿qué tal el fin de semana? Quien escucha la radio el sábado y el domingo es porque verdaderamente no tiene otra cosa que hacer, porque la programación es casi únicamente infomerciales. Entonces, un *Casos y cosas de Collins* semanal, con invitados de primera línea, con segmentos de salud, de inmigración con respuestas de los mejores abogados expertos, de deportes con el mismísimo Andrés Cantor, de casos insólitos con la reportera Diana Montano, de seguridad con una *handywoman* a la que llamaríamos "Victoria No Secret" (la única *handywoman* de la radio en español), además de información de todo tipo que verdaderamente sirvieran a nuestros radioescuchas. ¡Podría ser una buena opción!

El lema sería: "La buena radio del fin de semana".

A Grillet le tocaría la tarea tenaz del convencimiento. Y lo hizo. Comenzamos en enero de 2010, con mi queridísima Cristina Saralegui como madrina.

Materia: trabaja para ti mismo

Pero un buen día nos dimos cuenta de que teníamos que salir a buscar clientes para *Casos y cosas de Collins*. Antes era un estigma ser *freelancer*, ser trabajador por tu cuenta. Afortunadamente, ya no. Ahora mucha gente trabaja por su cuenta. Y eso hicimos. Y encontramos a quienes fueron un gran apoyo: Claudia Varela, ejecutiva con gran experiencia en el mercado de las ventas en los medios hispanos, quien llevó la propuesta a Farmers Insurance y a su entonces ejecutiva, Luisa Acosta-Franco, quien de inmediato apostó por nuestro producto.

Fueron ellas mis madrinas y, al igual que Emily y Alice, unos seres humanos a quienes siempre estaré agradecida.

A partir de ahí, las cosas comenzaron a encaminarse, y más aún, porque en esto de vender nuestro producto, yo no conocía impedimentos. Adriana Grillet organizó tours por las agencias de publicidad de Miami y Nueva York, y hasta allá nos fuimos, sin importar si nos recibían uno, cinco o diez ejecutivos.

El resultado: ¡la comercialización de *Casos y cosas de Collins*!

Esto se sumó a los seminarios y conferencias nacionales, cada vez más numerosas, con temas que interesaban a los hispanos y también a las columnas de periódico. Así que la maquinaria que con tanto esfuerzo había echado a andar ¡había dado frutos!

Materia: *espera lo bueno, que va a llegar*

De cuando en cuando, porque nuestros horarios eran diferentes, Andrés Cantor y yo nos encontrábamos. Nunca olvidaré el momento en que, cuando el viento soplaba fuerte y en contra, yo le conté aquello del decreto de muerte laboral que me habían augurado.

Nunca se me olvidará su respuesta:

—Mira, Collins, en esta vida hay que tomar todo aquello negativo que nos dicen con un espíritu deportivo, es decir, pensando que la vida es un partido de fútbol. ¿Sabes por qué? ¡Porque en el fútbol siempre hay revancha! Sólo es cuestión de esperar... ¡que esta llegue!

Qué sabio fue con aquel proverbio.

Precisamente me encontraba en su oficina la tarde del 27 de enero de 2011 cuando me llamaron para regresar como *freelancer* a la nueva Univision.

—¿Ves que razón tuve al decirte que la vida es un partido de fútbol que siempre ofrece la revancha? Nunca lo olvides.

¡Gracias, Andrés! Nunca olvidaré eso, ni que tú y tu equipo fueron las personas que me permitieron ver que yo tenía mucha vida laboral por delante.

PARA TENER EN CUENTA

~ *Reinventarte exige un auto examen constante para revisar tu progreso.*

~ *Explora tus habilidades y posibles nuevos campos de trabajo.*

~ *Ser* freelancer *ya no es un estigma. ¡Trabaja para ti mismo!*

~ *Que tus amistades que puedan darte empleo te recuerden como eficiente y como buena persona.*

~ *Ofréceles nuevas e irresistibles ideas.*

~ *Demuéstrales que tú eres tu mejor producto.*

~ *La vida es un partido de fútbol... siempre hay revancha.*

20

Con los años
que me quedan por vivir...

La canción de Gloria Estefan, "Con los años que me quedan" es una de mis favoritas y qué mejor que esa letra para poner punto final a este libro. Pero como a mí me encanta contar todo con anécdotas que me han sucedido, no encuentro una que retrate mejor la intención de escribir este libro que lo que me sucedió el 13 de marzo de 2013.

Habían transcurrido más de treinta días desde que el Papa Benedicto XVI había renunciado, algo que no había hecho ningún Papa en seiscientos años, y entre los más de cinco mil periodistas que estaban en el Vaticano a la espera de conocer quién sería el nuevo sumo pontífice para más de mil millones de católicos en el mundo... estaba yo.

Antes, el 11 de febrero, la noticia de la renuncia me había sorprendido en Acapulco, Guerrero, en medio de una asignación que me hizo regresar de inmediato a la capital mexicana, donde me encontraba cubriendo la corresponsalía del *Noticiero Univision* por unas semanas.

Había pasado un mes y medio desde ese día hasta el momento de la despedida del Papa emérito el 28 de febrero de 2013, y para ese entonces el *Noticiero Univision* había desplegado una impresionante cobertura en el mismo sitio donde ocho años antes habíamos cubierto la elección de Benedicto XVI.

Si algo me dolía de la ausencia de las pantallas y de la amenaza de mi muerte laboral era pensar que nunca más cubriría aquello que me era tan fascinante y que había hecho durante veinticinco años, como lo es la elección de un Papa.

En viajes posteriores a Roma visitaba el sitio de las antiguas transmisiones y en verdad que, aún con toda la fe y las buenas intenciones, yo me veía muy lejos de volver a estar precisamente en ese sitio... y eso me dolía al punto del tormento.

¡Así que ni pensar en lo que mi alma sentía al encontrarme ahí nuevamente!

Jamás podré olvidar aquel escenario grandilocuente a mis espaldas, con la Basílica de San Pedro literalmente al alcance de nuestras cámaras, ni cómo la vida me permitió volver a reportar todo esto.

Quiero contarles lo que hice en el primer momento en que me encontré a solas luego de la tumultuosa elección papal: me hinqué ahí en la Plaza de San Pedro y oré, agradecida por el milagro moderno que estaba viviendo.

¿Que cómo suceden los milagros modernos? ¡Ahhh! Tal y como le he ido narrando en este libro: con fe, con muchísima fe en Dios y en uno mismo. Y con la dedicación para poder lograrlo.

Ese, sin lugar a dudas, fue el momento culminante de mi reinvención.

Soy consciente de que reinventarse requiere de una constancia para siempre estar en movimiento. En este punto no ha valido cansancio, ni artritis, ni presión arterial alta, ni colesterol, ni edad, ni nada.

Me explico mejor: no me basta con haber logrado entrar, regresar y hacer las cosas bien. Tengo que seguir pensando en cosas nuevas y mejores que puedo lograr. Así me la paso casi dieciocho horas de cada jornada (porque en promedio sólo duermo seis).

Ahora estoy en el camino de poder obtener muchas otras cosas, algunas materiales, otras espirituales, para el resto de mis días. Sé que es un proceso difícil de decisiones trascendentales, ¡pero sigo apostando por mí misma!

Gozo en verdad de cada uno de los momentos en que puedo sentarme en mi escritorio en un rinconcito dentro de mi amadísima redacción del *Univision Noticias*. Esa es una sensación de abrigo y protección comparable sólo a la que uno encuentra en casa y con la familia más cercana luego de un día difícil. Uno sabe que pase lo que pase, ahí lo quieren a uno y lo quieren bien.

Ahí me siento bendecida por haber hecho y tomado como bandera el retorno a mi oficio periodístico únicamente tomando en cuenta aquello que mi corazón me dictaba en contra de la razón de los demás.

Si hay un secreto que valga, este tiene que ser, además de todo... que nunca canté victoria.

Nadie con un gramo de sentido común podría hacerlo y menos aún en el difícil medio del periodismo de televisión.

¿Que no se pueden hacer las cosas? ¡Ja, ja, ja!

Muérete de la risa, que eso no es cierto. La única persona que puede decirlo eres tú, tal y como lo hice yo: contra viento y marea.

A fin de cuentas, la vida es como dice mi adorado hermano Raymundo Collins: "Si las cosas son para ti... lo son aunque te quites. Si no son para ti... no serán aunque te pongas".

Sé que me queda mucho por aprender, pero también que he aprendido muchas lecciones.

Finalmente, el recuento me lleva a recordar todo lo que he perdonado, lo que he logrado y que me ha llevado a repetir a diario, apenas despierto, mi propia oración:

Señor, dame la oportunidad de mostrarte que he aprendido la lección. Amén.